Kurt Kinder

Erinnerungen
Ein Leben in Deutschland
(1910 bis 1980

Kurt Kinder

Erinnerungen
Ein Leben in Deutschland
(1910 bis 1980)

Foto S. 7: Privatbesitz

Bibliografische Information der Deutschen Nationalbibliothek:

Die Deutsche Nationalbibliothek verzeichnet diese Publikation in der Deutschen Nationalbibliografie; detaillierte bibliografische Daten sind im Internet über http://dnb.dnb.de abrufbar.

Herstellung und Verlag: BoD – Books on Demand, Norderstedt
ISBN: 9783754303917

Kurt Kinder

3. März 1910 -1. Mai 1994

und

Erna Kinder

27. November 1912 - 16. Februar 1994

Inhalt

Eltern -und Großeltern

Die Eltern und Großeltern stammen aus Ostpreußen. Gekannt habe ich nur meinen Großvater väterlicherseits: Friedrich Adolf Kinder. Am 30. März 1850 in Arnstein in Ostpreußen geboren, war er dort als Instmann tätig. Heute würde man Gutsarbeiter dazu sagen. Die Großmutter hieß Amalie Grassing und war vier Jahre älter. Sie heirateten am Juni 1876 und hatten drei Kinder. Der Älteste hieß Fritz, dann mein Vater Wilhelm und schließlich noch Tochter Rose. Von diesen habe ich nur Onkel Fritz kennengelernt, der uns ein paarmal in Berlin besuchte. Er wohnte in Königsberg und war bei der Eisenbahn tätig. Seine Reisen kosteten ihn nichts, aber er hatte ständig Magenbeschwerden, die auch durch verschiedene Kuren nicht behoben werden konnten.

Von meiner Tante Rose weiß ich nur, dass sie nach ihrer Heirat, sich mit ihrem Mann einer Glaubensgemeinschaft anschloss und mit meinem Vater keine Verbindung bestand.

Die Eltern meiner Mutter stammen ebenfalls aus Ostpreußen. Großvater Fridrich Jüttke am 16. Januar 1833 in Grünhof bei Bladiau (Pyatodorozhnoe) geboren, war Milchpächter. Er heiratete am 7. Juni 1863 meine Großmutter Justine Wiechert, die zehn Jahre jünger war. Es muss seine zweite Frau gewesen sein, denn meine Mutter sprach oft von Tante Boldt, die eine Stiefschwester von ihr war.

Außerdem war da noch mein Onkel Ferdinand, der in der Nähe von Königsberg im Dorfe Bergau eine 60 Morgen große Landwirtschaft betrieb.

In Jahre 1919 verbrachten mein Bruder Herbert und ich einmal die Sommerferien bei ihm. Er hatte mindestens elf Kinder, von denen meine Cousine Martha, von der später noch die Rede sein wird, ein Teil unserer Familie wurde.

Dann gab es noch die Schwester Marie, die mit einen Musiker Raese in Stettin verheiratet war. Mutter hatte zu ihr ein herzliches Verhältnis. Sie hatten vier Kinder. Zwei Jungen und zwei Mädchen. lm Jahre 1917 besuchten wir sie einmal mit Schwester Hilla und ich. Auch Tante Marie war nach dem Kriege einmal bei uns.

Großvater Friedrich starb am 13. Februar 1889 als Mutter, noch nicht sieben Jahre alt war. Großmutter Justine mußte nun die Milchwirtschaft allein weiter betreiben, und Mutter unterstützte sie schon in jungen Jahren insofern dabei, daß sie die Milch ausfuhr. Das geschah im Winter oft bei klirrender Kälte. Die, beim Auf- und Abladen überschwappende Milch gefror sofort auf den Kleidern, was ihren Nieren gar nicht guttat. Diese Arbeit machte sie auch dafür verantwortlich, dass sie im Jahre 1927 am Unterlaib erkrankte und sieben Jahre später daran starb.

Vater mußte schon früh in der Landwirtschaft mithelfen. Wie es so üblich war, gingen die Kinder dabei barfuß. Eines Tages wurde ihm eine achtlos abgelegte Sense zum Verhängnis. Er trat in die Schneide, die sich tief in seinen Fuß einschnitt. Die Wunde verheilte aber gut, und er zeigte sie uns später noch oft.

Ein weitaus schwerer Unfall ereignete sich während seiner Militärzeit. Er wurde dem Ulanen zugeteilt und mußte drei Jahre dienen. Hätte er eine höhere Schulbildung gehabt, nämlich das sogenannte „Einjährige", wäre er mit einem Jahr Militärdienst weggekommen.

Die Ulanen war eine schneidige Reitertruppe mit einer schicken Uniform, einem Helm mit wehendem Federbusch und einer Lanze unter dem Arm. Wegen der großen Entfernung der einzelnen Truppenglieder wurden die Kommandos mittels Trompetensignalen gegeben.

Eines Tages bekam Vater ein neues Pferd zugeteilt, welches auf diese Signale abgerichtet war. Als er einmal gerade in den Sattel steigen wollte, und den rechten Fuß schon im Steigbügel hatte, kam das Signal zum Sammeln. Vaters „Rosinante" machte einen Satz und preschte davon und er wurde im Steigbügel hinterhergeschleift. Ein schwerer Knöchelbruch war die Folge, der den Fuß nie mehr volltauglich machte. Er wurde aus dem Wehrdienst entlassen und bekam später den sogenannten Zivilversorgungsschein.

Danach war er auf dem Bau und auch bei einer Brauerei beschäftigt, und als er meine Mutter kennenlernte, erinnerte er sich dieses Scheines und wollte in den Staatsdienst eintreten. Er hatte auch schon ein Angebot als Gerichtsdiener beim Königsberger Amtsgericht, als er ein neues Angebot erhielt, das ihn mit seinen 25 Jahren mächtig interessierte.

Meine Grußmutter Justine hatte noch eine Schwester in Danzig, deren Tochter Johanna mit einem Max Schikowski verheiratet war. Dieser Max, vier Jahre älter als Vater, war als Maschinenmaat während seiner Dienstzeit zur See gefahren und hatte später eine Stellung als Maschinenmeister in der „Königlichen Gewehr- und Munitionsfabrik" angetreten. Hierdurch bot sich meinem Vater eine Stellung ebenda als Wächter an, die er in seiner Sturm- und Drangzeit, wo alles nach Berlin strömte, nicht ausschlagen wollte.

Am 11. Februar 1906 wurde also schnell geheiratet, und Vater machte sich auf die Reise nach Berlin, um dort seine neue Stellung in Spandau anzutreten. Eine Wohnung in der Lynarstraße in Spandau wurde gefunden, und der Ankunft von Mutter in dem neuen Heim stand nichts mehr im Wege. Ein Bett, ein Ausziehtisch, dazu vier rohrbespannte Stühle wurden angeschafft, und dazu das allernotwendigste Geschirr. Nun konnte die Ehe beginnen.

Die Kindheit in Spandau

Zur Familie wurde die Ehe, als am 16. Januar 1907 mein Bruder Herbert geboren wurde. Drei Jahre später kam ich zur Welt. Problematisch wurde es, als im Jahre 1912 die Mutter meines Vaters in Ostpreußen starb, und Grußvater kurz darauf zu uns nach Spandau kam. Es ergab sich die Möglichkeit, in der Jagowstraße 12 einen Tabakladen zu übernehmen, der aus steuerlichen Gründen auf Großvaters Namen lief. Wir zogen also um und bald darauf, am 19. September 1912 wurde dort meine Schwester Hildegard geboren, die aber Zeit ihres Lebens nur „Hilla" genannt wurde.

Mutter und Großvater verstanden sich nicht sehr gut miteinander, mich aber hatte er in sein Herz geschlossen. Er fuhr mich oft im Sportwagen spazieren, und unser Weg führte fast immer die Schönwalder Straße entlang, durch das Fehrbelliner Tor zum Klinkeplatz, auf dem ein ehernes Denkmal an den Pioniersoldaten Klinke erinnerte, der im deutsch-dänischen Krieg im Jahr 1864 mit einer Pulverladung eine Bresche in die Düppeler Schanzen schlug, bei diesem Anschlag ums Leben kam, Deutschland damit aber den entscheidenden Sieg brachte.

Beim Anblick dieses stürmenden Soldaten brach es aber jedes Mal aus Klein-Kurtchen heraus: „Opa, Bautz"! Was blieb dem armen Opa übrig, er mußte mir die Hosen herabziehen und Bautz machen lassen. Das beste Zureden vor der Spazierfahrt, mich zum „Bautz" zu bewegen nutzte nichts. Waren wir am Denkmal angekommen, ertönte aus Kurtchens Mund: „Opa Bautz"! „De damliche Kreet," schimpfte Opa, "immer muß er unterwegs Bautz machen, ick gei nich mehr mit ihm!" Aber am nächsten Tag ging er doch wieder mit mir und Klein-Kurt machte „Bautz" am Klinke Denkmal.

Bruder Herbert war inzwischen sechs Jahre alt geworden und wurde in die Volksschule in der Lynarstraße eingeschult.

Unser Leben verlief unter unserem Kaiser Wilhelm II. gleichmäßig. Der Tabakladen warf zwar nicht viel ab, und Vater verdiente nur 75,-- Reichsmark im Monat, aber wir hatten unser Auskommen. Im Laufe des Jahres 1913 hatten die Eltern die Möglichkeit, einen Eckladen in einem neueren Stadtviertel von Spandau zu übernehmen. Er lag in der Konkordiastraße, Ecke Adamstraße. Ein paar 100 Meter entfernt verlief die Wilhelmstraße und dort befand sich neben einem riesigen Exerzierplatz eine Kaserne. Hier erhofften sich die Eltern eine bessere Kundschaft.

Aber zuerst mußte der Laden eingerichtet werden. Max Schikowski hatte einen Danziger Schulfreund, er hieß Paul Bleschkowski, der seinen Namen später auf Berger umschreiben ließ. Da er von Beruf Tischler war, half er großzügig beim Ausbau des Ladens. Der Fußboden bestand aus ungestrichenen Dielenbrettern und jede Woche sah ich meine Mutter auf den Knien mit Schmierseife und Scheuerbürste die Dielen scheuern.

Als alles eingerichtet war, konnte der Laden eröffnet werden. Aber auch der brachte nicht das erhoffte Geschäft. Oft ging ich mit meinem Großvater zu einem Laden für Kleinhändler in der Stresowstraße am Spandauer Hauptbahnhof. Dort erstanden wir eine Kiste Zigarren, die wir dann bei uns stückweise weiterverkauften. Großvater bekam stets eine Zigarre geschenkt, die er sich vor der Tür stolz in den Mund steckte. Sonst rauchte er nur Pfeife.

Herbert wurde eingeschult und kam in die Volksschule in der Adamstraße. wischen den Jungen der Adamstraß und denen der Konkordiastraße bestand eine sogenannte Straßenfeindschaft, die oft auf dem freien Feld hinter unserem Haus, zur Wilhelmstraße hin, ausgetragen wurde.

Mutter nähte uns zu diesem Zweck eine schwarz-weiß-rote Fahne, die an einem Besenstiel befestigt wurde. Unser Schwert war eine zugespitzte Latte, auf die oben ein Querholz aufgenagelt war. Trotz allem verliefen die Schlachten immer unblutig.

Ein Problem war Schwester Hilla. Wenn wir uns sonntags alle fein gemacht hatten, zu einem Spaziergang mit ihr im Kinderwagen, begann sie wie am Spieß zu brüllen, sobald Mutter an den Wagen trat. Der Grund war ihr Hut. Nach der damaligen Mode trug sie einen schwarzen Strohhut, mit einer riesigen Krempe. Oben durch den Hut und durch die Frisur wurde eine lange Nadel gestoßen, deren spitzes Ende mit einer Sicherung gegen unbeabsichtigte Verletzung versehen war. Das war amtliche Vorschrift. Das Geschrei hörte erst auf, wenn Vater oder Herbert den Wagen schoben, und Mutter in einigen Schritten Abstand folgte.

Es kam das Schicksalsjahr 1914. Der 1. August brach an und brachte uns die Mobilmachung zu einem Feldzug, der später als der „1. Weltkrieg" in die Geschichte eingehen sollte. Cousin Lisbeth aus Stettin war zu der Zeit bei uns zu Besuch. Sie nahm mich bei der Hand und wir marschierten zur Wilhemstraße. Vor dem geschlossenen Kasernentor blieben wir stehen und erblickten dahinter einen Haufen Zivilisten, die alle einen großen Pappkarton in der Hand hielten. Es waren Reservisten, die einberufen worden waren.

„Sieh mal, Kurtchen, „sagte Cousine Lisbeth, „die müssen alle in den Krieg und werden totgeschossen." Wenige Tage später sahen wir dann einen langen Trupp grau gekleideter Soldaten durch die Wilhelmstraße zum Hauptbahnhof marschieren. In dem Lauf der umgehängten Gewehre stachen kleine Blumensträuße. An der Seite des Trupps liefen junge Mädchen und Frauen, die weinten und winkten. Die Soldaten winkten zurück und riefen: „Keine Angst, Weihnahten sind wir wieder zu Hause!" Sie wußten nicht, wie sehr sie sich irrten.

Ein paar Wochen später, sah ich einen jungen Mann aus dem Nebenhaus, der auch mit ausgerückt war. Er ging an Krücken, und ihm fehlte das rechte Bein.

Wir merkten freilich vorläufig noch nichts vom Krieg. Vater mußte sich zwar einer Tauglichkeitsprüfung unterziehen, kam aber mit einem „ku" zurück. Er war als "kriegsuntauglich" vorläufig zurückgestellt.

Eines Tages kam mein Freund Karl aufgeregt zu uns in den Laden: „Komm mit Kurt, zum Exerzierplatz, da ist etwas!" Bruder Herbert war auch neugierig, und so zogen wir los in erwartungsvoller Aufregung. Auf dem Feld angekommen, umstand eine Menschenmenge einen kleinen Doppeldecker, der hier wegen Motorschaden notgelandet war. Zwei Mann in Fliegermontur arbeiteten eifrig an dem Flugzeug, stiegen dann in die offenen Sitze, der Motor sprang an, nachdem einer von ihnen ein paarmal den Propeller gedreht hatte. Es rollte davon und erhob sich nach ein paar Metern in die Luft. Für uns Jungen ein unvergeßliches Erlebnis, haben wir doch den Beginn der Eroberung der Luft mit eigenen Augen sehen können.

Ein neuer Umzug stand uns aber ins Haus. Vater wurde eine Dienstwohnung auf der „Königlichen Gewehrfabrik" angeboten. Mit dem Tabakladen klappte es sowieso nicht, und wenn er am Arbeitsplatz für billige Miete wohnen konnte, so war das schon einen neuen Umzug wert. Im Dezember 1914 zogen wir also auf die Gewehrfabrik und für uns Kinder begann eine herrliche Zeit.

Die neue Wohnung war ein Prachtstück. Sie lag direkt an einem Seitenarm der Oberhavel, d.h. zwischen unserer Wohnung und der Ufermauer verlief die Straße. Dieser Seitenarm umlief die Zitadelle, die dadurch eine Halbinsel bildete, teilte sich in drei weitere Kanäle, deren Wasser über

Turbinen in einen Abzugsgraben flossen, der hinter der Schleuse in die Unterhavel mündete. Die Wohnung lag im Erdgeschoß, hatte einen Windfang mit einer seitlichen Tür zur Toilette. Die Tür geradezu führte in die Küche, an deren unterem Ende eine weitere Tür zu einer Kammer führt. Rechts ging es in ein großes Zimmer, dahinter schloss sich ein weiteres großes Zimmer an. Beide Räume hatten Parkettfußboden und die ganze Wohnung hatte elektrisches Licht. Vor dem Haus, parallel zu den beiden Zimmern verlief eine Veranda, die zur Straße mit einer halbhohen Bretterwand abgeschlossen war. Außen rankte wilder Wein bis zu dem darüber liegenden Balkon.

Wie es damals üblich war, hatte jede Wohnung nach Möglichkeit eine sogenannte "Gute Stube". Die gab es jetzt auch bei uns. Das vordere Zimmer war das Wohn- und Schlafzimmer für uns. Das hintere Zimmer war die "Gute Stube". Ein Sofa stand' darin, davon ein ovaler Tisch mit drei geschwungenen Beinen, die in der Mitte zusammenkamen und in einem neuen Bogen die Tischplatte hielten. Geradezu eine Kommode mit einem großen Spiegel darüber und an der linken Wand ein Vertiko mit einer Menge Schübe. Rechts stand noch ein eisernes Bett, in dem ich mit Großvater zusammen schlief. Das Zimmer wurde nie geheizt und nur an Festtagen, wie zu Weihnachten, benutzt. Das Bett darin war sozusagen nur eine Notlösung wegen Platzmangel.

Vater brauchte jetzt Keine Kontrollgänge mehr zu machen er wurde als Pförtner am Fabrikeingang eingesetzt, hatte dort für Ordnung zu sorgen und die Zuspätkommenden aufzuschreiben.

Er war jetzt 34 Jahre alt, sein Schnurrbart war gewachsen und Kaiser Wilhelm, mit seinem Bart „Es ist erreicht", war sein Vorbild. Es war eine mühselige Arbeit ihn zu Pflegen. Jeden Morgen mußte er mit einer Bartwichse eingeschmiert werden, dann kam die Bartbinde darüber und wenn alles fest war, wurde sie abgenommen. Der Bart behielt nun tagsüber seine Form. Sein Haupthaar aber begann sich bedenklich zu lichten. Mühselig versuchte er an jedem Morgen die einzelnen Haarsträhnen gleichmäßig über sein kahles Haupt zu verteilen. Eines Tages hatte er das aber satt, und er erschien mit einer strahlend weißen Glatze vor unseren staunenden Augen. Etwas später fiel auch der sorgsam gepflegte „Kaiser-Wilhelm-Bart" der Schere zum Opfer, und Vater lief seitdem mit einem gestutzten Bart herum.

Das nahe Wasser vor dem Haus machte Vater zu einem leidenschaftlichen Angler. Lange vor Dienstbeginn, kurz vor Sonnenaufgang, saß er auf dem gegenüberliegenden Bootssteg und angelte. Er brachte Plötze und Barsche nach Hause, die oft unseren Mittagstisch bereicherten. Aber das genügte ihm nicht, er mußte aufs Wasser, und dazu braucht er einen Angelkahn. Ein Angebot hatte er aus Pichelswerder, das heute Siemenswerder heißt. Eines Sonntags fuhr die ganze Familie dorthin, um das Boot in Augenschein zu nehmen. Als wir ausstiegen, klagte Vater über Leibschmerzen. Wir gingen durch den Wald und Vater mußte oft stehenbleiben. Plötzlich setzte er sich auf einen Baumstumpf und fing laut an zu stöhnen. Vor Schmerzen hielt er sich seien Leib. Mit Mühe und Not kamen wir wieder zu Hause an. Der Arzt wurde geholt, der eine schwere Nierenkolik feststellte, die ihm ein längeres Krankenlager bei völlig salzfreier Diät, einbrachte.

Als er wieder gesund war, erwachte der Wunsch nach einem Boot aufs Neue, und eines Tages kamen Vater und Herbert damit angerudert. Vater hatte es in Kladow gebraucht gekauft. Es war ein Klingerboot mit zwei Querbänken. Das vordere Sitzbrett hatte ein Loch zur Aufnahme eines Segelmasts. Das abgeflachte Ende hatte einen Rundsitz mit einem Steuer, das durch zwei Leinen zu bewegen war. Nun konnte er damit aufs Wasser hinaus. Er schaffte sich Reusen, fing damit Aale, Plätze, Barsche, hin und wieder auch einen Hecht, aber vor allen Dingen Bleie.

Eines Tages hatten wir eine ganze Waschwanne voll dieser Fische. Das Schlimme daran ist nur, dass sie voller kleiner, spitzer Gräten stecken. Man muss beim Kauen vorsichtig sein und man spuckt dauernd Gräten. Wir Kinder bekamen den Auftrag, in der Nachbarschaft herumzufragen, wer diese Fische kaufen wollte. Aber niemand wollte einen von diesen Grätenfischen haben.

Später ging seine Angelleidenschaft soweit, dass er mit Onkel Max beabsichtigte in Ostpreußen einige Fischteiche mit Fischereirechten zu übernehmen. Zu unser aller Glück zerschlug sich aber diese Angelegenheit.

Unsere Familie hatte sich inzwischen vergrößert. Großmutter Justine war aus Ostpreußen zu uns gekommen. Sie war zu dieser Zeit schon 70 Jahre alt und half bei uns im Haushalt. Vater zimmerte ein Bett für sie, das wir hinten in der Kammer unterbrachten, welches ihr Schlafzimmer wurde. Außerdem wollte vorläufig Cousine Martha, die Tochter von Onkel Ferdinand in Bergau, bei uns wohnen, weil sie auf unserer Fabrik Arbeit gefunden hatte. Es wurde aber ein Dauerwohnen bis zum Kriegsende daraus.

Mutter war jetzt im Haushalt entlastet. Sie nahm eine Stellung in der Fabrikhalle, gegenüber von unserem Haus an und arbeitete an der Fräsmaschine. Manchmal brachte sie Arbeit zum Entgraten mit der Feile mit nach Hause und wir halfen ihr dabei.

Eines Tages jedoch hatte sie einen Unfall. Sie war mit dem Zeigefinger der rechten Hand in den laufenden Fräser geraten, der ihr eine böse Wunde beibrachte. Das langte ihr, und sie war wieder bei uns zu Hause.

Es gab einmal eine Zeit vor Weihnachten, da verschwand sie öfter für einige Stunden in der Stadt und keiner wusste weshalb. Vater fragte sie, aber sie machte

Ausflüchte. Man merkte ihm an, dass er eifersüchtig wurde. Aber dann kam das Weihnachtsfest, und sie überraschte ihn mit einem Paar selbstgefertigter Pantoffeln. Die Sohle war aus alten Stoffresten geflochten und die Zöpfe zusammengenäht. Sie hatte während der Zeit ihrer heimlichen Abwesenheit einen Kursus für Pantoffelfertigen besucht, und wir trugen später alle selbstgefertigten Pantoffeln.

Wir waren jetzt acht Personen in der Familie und die Ernährungsfrage wurde immer problematischer. Seit dem 31. Januar 1915 gab es Brotmarken. Bald folgten Fett-, Fleisch- und Eierkarten. Drei Jahre später konnte man sich mit dem was es auf den Märkten gab, nicht mehr ernähren. Pro Kopf und Tag gab es 116g Brot, 18g Fleisch und 7g Fett.

Unser Brot holen wir von weither, in der Nähe unserer ersten Wohnung in der Lynyarstaße, wo wir noch den Bäcker kannten. Dazu nahmen wir unseren kleinen Leiterwagen und einen großen Sack. Mutter und wir beiden jungen zogen nun damit los. Einer von uns durfte sich immer in den Wagen setzen, nahm die Deichsel zwischen die Beine, und der andere musste schieben. Beim Bäcker angekommen, packten wir die Brote in den Sack, 8 Stück, so viel wie wir Marken hatten und ein Neuntes sowie eine Tüte Schrippen bekamen wir ohne Marken dazu. Die Kunden im Laden bekamen immer Runde Augen, wenn wir mit unserem Sack voll Brot loszogen.

Der Hunger aber wurde immer größer. Es gab ein Esskasino auf unserer Fabrik. Dort durften wir Kinder oft das übriggebliebene Essen einsammeln, angeblich für unser Vieh zu Hause, aber das meiste aßen wir selber.

Großmutter zog oft mit uns los, auf dem Handwagen eine Wanne und ab ging es nach Haselhorst. Am Wegrand wuchs viel Melde, die pflückten wir und taten sie in die Wanne. Zu Hause gab es dann tagelang Meldespinat. Ich konnte hinterher jahrelang keinen Spinat mehr essen.

Der Winter 1917 war einer der härtesten. Die Kartoffeln waren zum größten Teil erfroren oder es gab erstmal gar keine. das Einzige, was es gab waren Kohlrüben. Mit Gänsefleisch gekocht, sind Kohlrüben ein leckeres Essen. Leider gab es keine Gänse und so wurden die Kohlrüben in Wasser gekocht, mit Salz abgeschmeckt und mittags und abends vorgesetzt. Tagelang hintereinander. Dieser Kriegsabschnitt ist in die Geschichte als „Kohlrübenwinter" eingegangen.

Vater saß zu dieser Zeit in der Pförtnerloge am Eingang der Gewehrfabrik am Pulvergraben. er war es gewohnt, dass ihm morgens das Frühstück mit einer Flasche Kaffee gebracht wurde. Der Bote war meistens ich. Als mich Großmutter eines Morgens weckte, war mir der Kopf merkwürdig schwer, aber ich sagte nichts. Sie packte mir das Frühstück für Vater ein, und ich trabte los. Als ich im Pförtnerhaus ankam, setzte ich mich neben den Kanonenofen und fror trotzdem. Ich mußte ja warten, bis Vater mit dem Frühstück fertig war, damit ich die Sachen wieder mitnehmen konnte. Vater saht mich an, und sagte: „Du hast ja Fieber, Junge, geht man sofort nach Hause und laß dich von Großmutter ins Bett stecken." Ich ging also los und bei jedem Schritt war mir, als schlüge mir jemand mit einem Hammer auf den Kopf.

Großmutter schimpfte zu Hause mit mir: „Du Lorbaß, hättest du doch etwas gesagt, dann hättest du doch nicht zu gehen brauchen." Zwei Tag lag ich mit hohem Fieber und ohne Besinnung im Bett. Als ich aufwachte, saß Mutter neben mir. „Nun ist alles gut" sagte sie, „die Krisis hast du überwunden"

Ich fragte sie, was denn heute für ein Wochentag wäre. Sie sagte es wäre Donnerstag. Da wußte ich, dass ich zwei Tage nicht bei mir gewesen war. Tausende von Menschen starben während dieser großen Grippeepidemie ["Spanische Grippe"] in Deutschland.

Links neben unserem Wohnhaus befand sich ein großer Hof, der von niedrigen Lagerhäusern umschlossen war. Hiervon bekamen wir ein paar Quadratmeter zugeteilt, die Vater für den Bau eines Ziegenstalles verwenden wollte. Er hatte schon Steine anfahren lassen und mit zwei Maurern Kontakt aufgenommen, die eines Morgens in die Hände spuckten und anfingen die Steiner übereinander zu schichten. Die Mauer war gerade einen halben Meter hoch, da kam Hauptmann Mischke herbeigestürzt. Er wohnte im 1. Stock neben Oberleutnant Martiensen, der die Wohnung über uns innehatte. „Herr Kinder, Sie dürfen hier nicht bauen, das ist verboten. Dazu brauchen Sie eine Baugenehmigung." Vater sah das zwar nicht ein, aber alles mußte wieder abgerissen werden.

Gegen einen Stall aus Holz war aber nichts einzuwenden. Vater machte sich nun selber an die Arbeit, besorgte Balken und Bretter und in Kürze stand ein Holzstall da, doppelwandig und mit Papier aus dem Reißwolf als Wärmedämmung ausgefüttert. Eine Ziege hielt Einzug, die wir nun jedes Jahr zum Bock führen mußten, damit wir immer unsere Milch hatten.

Die Ernährung war gesichert. Im Sommer nach unserem Einzug hatte Vater in Haselhorst ein freies Feld gepachtet und ein Stückchen dahinter ein Stück Wiese, auf der das Heu für unsere Ziege gewonnen wurde. Das Feld lag in der Nähe des „Alten Berlin-Spandauer Schifffahrtskanal" am heutigen Haselhorster Damm.

Onkel Max hatte das Feld daneben genommen. Zuerst wurde ein Zaun herumgezogen, eine Pumpe gegraben und eine Laube gebaut. Sie entstand innerhalb von zwei Tagen. Wir Kinder bekamen eine Schaukel, die Herbert und ich sofort ausprobierten. Ich saß und Herbert stand auf dem Schaukelbrett. Als wir genug hatten, hatte ich es auch. Alles was mein Magen hergab brach aus mir heraus. Es war das erste Mal, dass ich merkte, dass ich Schaukeln nicht vertrug.

Dieses Leiden umfaßte später außer jeder Art von Schaukel, auch Karussellfahrten, Rundtanz, sowie längere Straßen- und Eisenbahnfahrten. Erst 15 Jahre später besserte sich das.

Hauptmann Mischke hatte am Ende unserer Straße, ca. 300 Meter entfernt, einen Garten, der sich bis an die Mauer zur Pulverfabrik erstreckte. Ein Grenzzaun wurde gezogen und unser neuer Garten bildete nun ein sogenanntes Hammergrundstück. Ein Haus vor der Pulverfabrik engte den Garten nach dem Eingang auf ca. 3 Meter ein und erst der hintere Teil ergab das richtige Gartengrundstück. Um dorthin zu gelangen, mussten wir erst um eine Reihe von Fabrikhallen und Bürohäuser laufen. Vorne am Eingang stand ein großer Walnussbaum, der uns bei der Ernte so gelbe Finger bescherte, dass wir die Farbe 14 Tage lang nicht abbekamen. In der Mitte des Gartens stand eine Sauerkirsche, links davon eine Süßkirsche, deren Äste über den Zaun zu Hauptmann Mischke reichten und deren Ernte wir uns mit ihm teilen mussten. In der Ecke an der Mauer befand sich eine offene, kleine Sommerlaube, in der wir oft saßen und Kaffee tranken. Überhaupt der Kaffee! Onkel Ferdinand aus Bergau schickte uns hin und wieder Pakete, schon seiner Mutter wegen. Diese enthielten, neben anderen guten, bäuerlichen Sachen, auch manchmal ein Säckchen Gerste. Diese wurde in der Pfanne geröstet, dann gemahlen und wir hatten unseren Kaffee! War auch dieser ausgegangen, gingen wir in ein kleines Eichenwäldchen bei Haselhorst und sammelten Eicheln. Diese wurden auch geröstet und gemahlen, und wir tranken dann einen Kaffee, der dermaßen bitter war, dass es kein reiner Genuß war. Zucker hatten wir nicht und die Ziegenmilch dazu verbesserte den Geschmack nicht wesentlich.

Das zweite Kriegsjahr 1916 war angebrochen, Ostern war vorbei und meine Einschulung nahte. Unsere Volksschule befand sich am Ende des Lindenufers, in der Mauerstraße. Der Schulhof grenzte an den Mühlengraben. Die Schule teilte sich links in die Knaben- und rechts in die Mädchenschule, in die zwei Jahre später Hilla einzog. Unser Lehrer hieß Ramin, und brachte uns die Grundlagen von Schreiben, Lesen und Rechnen bei. Religion gab er auch noch. Als wir die Kreuzigungsgeschichte durchnahmen, sagte er zu uns: „Wenn ihr einmal auf dem Sterbebett liegt, dann faltet die Hände und betet: „Vater, mein Geist befehlige ich in deine Hände!" Wir waren aber noch zu jung, um seinen Worten die richtige Bedeutung beizumessen.

Etwas anderes machte uns mehr Freude. Deutschland siegte vorläufig immer noch und nach dem Sieg bekamen wir schulfrei. Der 2. September war sowieso schulfrei, weil er immer noch nationaler Feiertag war. An diesem Tag wurde der Schlacht von Sedan gedacht, in der die französische Armee unter Napoleon III. entscheidend geschlagen wurde.

Es war üblich, daß die Kinder an diesem Tag Feuerwerkskörper abbrannten. Bruder Herbert steckte zu diesem Zweck eine Reihe von Schwärmern, die alle miteinander mit einer Zündschnur verbunden waren, in einem Sandhaufen. Dann wurde die Lunte gezündet, und wir freuen uns, wenn einer nach dem anderen krachte.

Eines Tages stand auf dem Flur unserer Schule eine große Tafel, auf der ein eisernes Kreuz vorgezeichnet war. Dies sollte nun mit eisernen Nägeln mit großen schwarzen Köpfen und Messingnägeln mit gelben Köpfen benagelt werden. Jeder schwarze Nagel, den man selber einschlagen durfte, und jeder gelbe Nagel kostete 10 bzw. 30 Pfenning. Dies war als Beihilfe der Bevölkerung für die enormen Kriegskosten gedacht. Viermal bekamen wir große bunte Bogen mit nach Haus, die zur Zahlung der ersten bis vierten Kriegsanleihe aufforderten.

Die Rohstoffe wurden immer knapper. Auf der Straße sah man Dreiräder-Kastenwagen, die als Fahrrad mit der Pedale bewegt wurden. Aber diese hatten keine Gummibereifung mehr, sondern die Felgen waren mit einem Reifen bestückt, der ringsum aus Spiralfedern bestand. Wenn diese über Kopfsteinpflaster fuhren, machten sie einen ungeheuren Krach.

Trotz aller Not verlebten wir eine schöne Jugendzeit auf unserer Fabrik. Mit dem Boot konnten wir auf dem Wasser rudern bis zur Insel Eiswerder. Einmal, als es sehr stürmisch war, ruderten wir mit vier Mann gegen den Wind, spannten dann einen Regenschirm auf und segelten nun mit großer Geschwindigkeit ohne Kraftanstrengung die geruderte Strecke zurück.

Vor unserem Haus wurden Patronenkosten für MG-Munition drei Meter hoch gelagert. Für uns eine herrliche Gelegenheit auf diesen Kisten herauszuklettern und uns durch Umstapeln Wohnungen zu bauen.

Auf einem anderen Platz lag ein großer Haufen Maschinengewehre und daneben Lafetten. Wir montierten die MG's auf die Lafetten und spielten Krieg. Wenn man einen Hebel zurücklegte, dann war der Zündbolzen gespannt. Betätigte man anschließend den Abzug, dann löste man den Schlagbolzen.

Auf einem anderen Haufen lagen Fahrräder ohne Bereifung, mit denen wir, so gut wir konnten, im Kreise herumfahren. Am Sonntag, wenn die Arbeit ruhte, streiften wir durch die Fabrik, fanden offene Türen und durchstreiften die Hallen.

Hilla und ich, wir waren oft unterwegs auf der Fabrik. Eines Tages fanden wir eine offene Halle, in der Maschinenteile abgestellt waren. Darunter auch große grußeiserne Räder zum Antrieb einer Transmissionswelle. Was lag näher, als eines dieser Räder von ca. ein Meter Durchmesser in der Halle herumzurollen. Dabei geriet das

Rad ins Trudeln, ich versuchte es zu halten und kam dabei darunter zu liegen. Das Rad war zu schwer, um mich allein befreien zu können und Hilla war dazu noch zu klein. Aber sie lief nach draußen, holte einen Arbeiter, der mich darunter hervorzog und uns davonjagte.

In unserer Fabrik waren wir ein kleiner Freundeskreis. Er bestand aus dem Hauptmannssohn Bernd Mischke, der in Herberts Alter war, aus dem gleichaltrigen Walter Hermann, dessen Eltern ein kleines Haus auf der zweiten Halbinsel bewohnten, die durch die Schleusenkanäle gebildet wurde. Sein jüngerer Bruder Gerhard war in seinem Alter.

Ganz ohne Gefahren waren unsere Spiele dennoch nicht. Bernd und ich hatten unser Boot vom Steg losgemacht, und vergnügten uns damit, ein kurzes Brett ins Wasser zu stoßen, und freuten uns, wenn das wieder hochgeschossen kam. Bernd am Heck und ich an einer Seite des Bootes. Aber einmal konnte ich das Brett nicht mehr greifen. Ich beugte mich weit heraus und verschwand lautlos kopfüber im Wasser. Bernd merkte nichts davon und stakte munter weiter. Ich ruderte unter Wasser mit meinen Armen und ergriff plötzlich ein Holz. Bernd wunderte sich, daß das Holz nicht mehr hochkam, zog und am anderen Ende hing ich dran. Großmutter schimpfte, zog mir trockene Sachen an, und ich saß in der Küche und spuckte dauernd das geschluckte Wasser in einen Eimer.

Hermanns hatten im ersten Stock ihres Hauses einen Untermieter. Diesem stibitzte Walter eines Tages eine angefangene Schachtel Zigarette. Wir beide versteckten uns auf deinem Schuppendach, das mit einem niedrigen Absatz an eine Mauer stieß. Wir begannen zu rauchen, zogen und pafften, zogen und pafften. War eine Zigarette zu Ende, wurde die nächste damit angesteckt. Es müssen an die sechs bis sieben Zigaretten gewesen sein, die wir hintereinander geraucht hatten, als ich eine unvorsichtige Bewegung machte und der Rest der Zigaretten zwischen Mauer und Schuppendach fiel. Mir war das egal, denn mein Kopf begann zu schmerzen. Wir trennten uns, ich ging nach Hause. „Mama, mir ist ja so schlecht" sagte ich, hielt meinen Kopf über den Ausguß und brach, was das Zeug hielt. Es stank fürchterlich nach Nikotin, aber Mutter merkte gottseidank nichts. Erst später wußte ich, daß ich dicht an einer Nikotinvergiftung vorbeigekommen war.

Die Winter während unserer Fabrikzeit waren meistens so kalt, daß die Havel vor unserem Haus zufror. Hin und wieder brach ein Eisbrecher eine Fahrrinne, die aber bald wieder zufror. Unsere Eltern hatten uns Schlittschuhe gekauft, sogenannte „Holländer" mit rundem Vorderteil. Damit fuhren wir oft auf der zugefrorenen Havel. Einen kleinen eiserenen Schlitten hatten wir auch. Wir machten uns dazu zwei Pieken, d.h. Stöcker, die wir an einer Seite mit einem Nagel versahen. Ohne daß jetzt einer schieben mußte, konnten wir auf dem Eis herumstaken. Dabei mußten wir aber vorsichtig sein, denn an verschiedenen Stellen gab es Abflußrohre, die warmes Abwasser in die Havel leiteten. In der Nähe dieser Rohre war die Eisschicht meistens sehr dünn, was man aber nicht erkennen konnte.

Es kam der 21. Februar 1917. Großmutter feierte am nächsten Tag ihren 72. Geburtstag. „Kinder," sagte unsere Mutter zu uns beiden Jungen, „ihr geht jetzt in die Stadt und besorgt für Großmutter einen Blumentopf." Draußen lag Schnee und es war kalt. Sie zog uns warm an, gab uns Geld und wir wollten gehen. In dem Moment klopfte es und Walter mit seinem Bruder Gerhard stand in der Tür. „Kommt ihr mit auf die Havel zu Schlittenfahren?" fragte Walter. Gerne wären wir mit ihnen gegangen, aber unser Auftrag hielt uns davon ab. „Vielleicht können wir noch zusammenfahren, wenn wir wiederkommen, jetzt müssen wir in die Stadt" sagten wir. „Schade," sagte Walter „dann fahren wir jetzt erstmal allein." Wir gingen zusammen los, und trennten uns vor ihrem Haus. Zwei Stunden später waren wir wieder daheim. Mutter kam uns mit verstörtem Gesicht entgegen und schloß uns in die Arme. Das waren wir nicht gewöhnt.

„Was ist denn los?" wollten wir wissen. Und dann erfuhren wir eine schreckliche Geschichte. Unsere beiden Freunde waren mit ihrem Schlitten, auf dem sie beide saßen, und sich mit ihren Stakstöcken fortbewegten, auf eines dieser überfrorenen Warmstellen gekommen und dort eingebrochen. Walter konnte sich an der Eisdecke festhalten und wurde auf seine Hilferufe hin gerettet. Gerhard war unter das Eis geraten und konnte nur noch tot geborgen werden. Uns fuhr ein Schreck durch die Glieder. Waren wir doch durch unseren Stadtbesuch wahrscheinlich dem Tode entgangen.

Ein paar Tage später sollte mein Freund Gerhard beerdigt werden. Vater, Mutter und Herbert gingen mit. Hilla war noch zu klein, aber ich wollte unbedingt auch mit. Mutter sagte „nein" und blieb hart. Ich fing an zu heulen, als sie gingen und beschloss so lange zu weinen, bis sie alle von der Beerdigung zurückgekommen waren. Ich stand also mit dem Rücken zu Küchentür, die ja nach draußen führte und weinte herzzerreißend. Großmutter kümmerte sich nicht darum und überließ mich meinem Schicksal. Mit der Zeit fiel mir das Weinen aber immer schwerer und schließlich kam trotz aller Anstrengung keine Tränen mehr. Ich musste aufgeben.

Zu Weihnachten bekam ich ein Geschenk, dass mir große Freude bereitete, eine Handharmonika. Eine einfache zwar nur, mit einer Reihe von Knöpfen auf der rechten Spielseite und auf der linken mit 3 Bassknöpfen und einem Luftknopf. Im Gegensatz zu den heutigen Akkordeons, die es damals noch nicht gab, funktioniert dieses Instrument wie eine Mundharmonika, das heißt beim Ziehen und Drücken des Balgens erklingt ein anderer Ton. Ich übte fleißig und konnte bald einfache Lieder damit spielen. Bloß mit den Baßknöpfen gleichzeitig dazu kam ich nicht zurecht. Aber das tat meiner Freude keinen Abbruch.

Ich konnte inzwischen schon lesen und verfolgte die Überschriften in der „Spandauer Zeitung". Jeden Tag stand eine neue große Überschrift aus dem Kriegsgeschehen darin. Die Siegesnachrichten wurden langsam weniger. Ich machte mir so meine Gedanken: „Mama," fragte ich, „worüber haben denn die Zeitungen eigentlich berichtet, als noch kein Krieg war?" Mutter versuchte mir klar zu machen, daß es auch in dieser Zeit Nachrichten gibt, die von allgemeinem Interesse sind.

Wenn ich aus der Schule kam, stand am Eingang zur Fabrik, gleich hinter der Zitadellenbrücke, eine Zeitungsfrau, die immer die neuesten Überschriften ausrief. So auch am 8. November 1918 „Der Kaiser hat abgedankt und ist nach Holland geflohen!"

Ich war schon alt genug, um zu begreifen, daß etwas Umwälzendes geschehen war. Auf unserer Fabrik merkten wir es zuerst. Eine Werkstatt nach der anderen wurde stillgelegt und die Arbeiter nach Hause geschickt. Flugzeuge warfen über der Stadt und über unserer Fabrik Druckzettel ab, die die neue Zeit durch den sozialen und nationalen Umbruch ankündigten. Unten stand groß „Spartakusbund" mit dem Namen Karl Liebknecht und Rosa Luxemburg. Diese Schriften wurden allgemein als „Flugblätter" bezeichnet, eben darum, weil sie aus Flugzeugen abgeworfen wurden. Der Name hat sich bis heute erhalten, auch wenn sie später von Hand verteilt wurden. Am 9. November übernahm ein „Rat der Volksbeauftragten" unter Vorsitz von Friedrich Ebert die Regierung, die zwei Tage später im Wald von Compiègne, in einem Salonwagen der französischen Eisenbahn, den Waffenstillstand unterzeichnete.

Politik interessierte mich damals nur insoweit, als ich die Auswirkungen in meiner Umgebung spürte und dies war nicht zu übersehen. Auf unserem Bootssteg gegenüber war ein schweres Maschinengewehr aufgebaut, das ein Betreten von der Havel her verhindern sollte. Überall zwischen den Fabrikhallen marschierten Posten mit umgehängtem Gewehr, den Lauf nach unten, den Kolben nach oben.

Wir Freunde standen eines Tages im Treppenhaus eines Bürogebäudes und schauten aus dem Flurfenster, als unten vor dem Eingang ein Lastwagen mit Matrosen hielt, Sie stürmten die Treppe herauf, an uns vorbei und durchsuchten die Büroräume. Ein andermal marschierte ein Trupp von ca. 20 Mann durch eine Fabrikstraße. Als die Männer an uns vorbei waren, zog der Anführer eine Stielhandgranate aus seinem Koppel und warf sie ungezündet in eine Eingangsnische. Als der Trupp weg war, hoben wir sie auf, Herbert versteckte sie unter seiner Jacke, und wir brachten sie zu dem Posten vor der Zitadelle. Der schickte uns in den Wachraum, wo man uns die Handgranate abnahm, und uns nach den Umständen ausfragte.

Auf dem Rathausvorplatz war ein Geschütz aufgebaut, dessen Rohr auf das Rathaus gerichtet war. Eines Tages fehlte aus dem viereckigen Turm ein großes Stück aus einer Ecke. Ob aus Versehen oder mit Absicht auf den Turm geschossen wurde, haben wir nicht erfahren.

Zu Weihnachten 1918 ging auf einmal das Gerücht um, daß unsere Fabrik am 2. Feiertag in die Luft gesprengt werden soll. Schrecken verbreitete sich unter uns Bewohnern und viele packten die Koffer, um Zuflucht bei Bekannten in der Stadt zu suchen. Vater aber meinte, daß es sowas nicht geben kann. Eine ganze Fabrik kann man nicht auf einmal in die Luft sprengen. Wir blieben also und harrten der schrecklichen Dinge, die auf uns zukommen sollten Aber sie kamen nicht. Der zweite Feiertag verlief so ruhig, wie die Tage vorher und die Geflohenen kamen beschämt zurück.

Im Frühjahr 1919 war die Fabrik noch immer besetzt. Die Posten marschierten an unserem Haus vorbei. Ich hatte meine Ziehharmonika hervorgesucht, saß auf der Ufermauer und spielte Melodien, die mir gerade einfielen. Schließlich intonierte ich die damalige Nationalhymne „Heil dir im Siegerkranz", ohne mir etwas dabei zu denken. Der Posten ging unter mir vorbei und akzeptierte wahrscheinlich mein kindliches Gemüt, dem keine Provokation zuzutrauen wäre.

Vater brauchte nicht mehr in seinem Pförtnerhaus zu sitzen, denn es gab ja keine Arbeiter mehr, die er kontrollieren mußte. Er war auf „Wartegeld" gesetzt worden. Um wieviel es weniger war als sein bisheriges Gehalt, weiß ich nicht. Er suchte sich jedenfalls eine Nebenbeschäftigung, und die fand er in einem Ballsaal in der Schönwalderstraße. Dort war er als „Tanzmeister" beschäftigt und hatte darauf zu achten, daß Ruhe und Ordnung herrschte und daß anständig getanzt wurde. Es dauerte nicht lange, da wurde dieses Tanzlokal in ein Kino umgewandelt, und er war jetzt am Eingang mit der Kartenkontrolle und als Platzanweiser beschäftigt. Wenn wir Kinder in der Stadt waren, hatten wir nun Gelegenheit, kostenlos in Kino zu kommen.

Als ich eines Tages aus der Schule kam und die Breite Straße entlang ging, klebten an der Hauswand große Plakate. Darauf stand gedruckt: Eine Mark = 20 Pf. Ich wußte nicht, was das zu bedeuten hatte. Jedenfalls brauchten wir auch weiterhin nur die angegebenen Preise zu bezahlen und nicht fünfmal soviel. Erst viel später wurde mir der Sinn dieser Plakate klar, nämlich daß sie auf den Beginn der Inflation aufmerksam machten, mit der wir vier Jahre zu kämpfen hatten und an deren Ende im Herbst 1923 ein US-Dollar 4,2 Billionen Mark kostete.

Die Kasernenjahre

Es kam das Jahr 1920. Vater sollte eine neue Stellung in Berlin antreten. In der Wrangelstraße 97/99 lag der Kasernenkomplex des ehemaligen „3. Garderegiment zu Fuß" in der auch Hindenburg seine Dienstzeit abgeleistet hatte. Jetzt war die Bereitschaftspolizei darin kaserniert in den Mannschaftsstuben untergebracht. Die Kaserne umfaßte drei große Blöcke; Den Hauptblock in der Wrangelstraße mit der Nr. 1. Er hatte ein großes Eingangsportal und über dem Dach erhoben sich zwei Türme. Der Block Nr. 2 stand in der Zeughofstraße und war zur Köpenicker Straße abgewinkelt. Der Block Nr. 3. stand als Pendant dazu an der Skalitzer Straße. Vater sollte die Stellung eines Hauswartes für den Block Nr. 2 übernehmen. Zu seinen Aufgaben gehörte die Sauberhaltung des Hofes um diesen Block, die Überwachung der Sauberkeit der Flure, sowie das An- und Ausmachen der Flurbeleuchtung, die in der ersten Zeit noch mit Gas betrieben wurde und uns Jungen von unserem Vater zu Betreuung überlassen wurde.

Wir bekamen eine Dienstwohnung im 3. Stock in der abgewinkelten Ecke von Block Nr. 2. Der Eckbau war etwas höher. Von diesem gingen rechtwinklig die niedrigen Dächer mit den Bodenräumen ab. Die Wohnung bestand aus einer Diele, die durch die Eingangstür mit ihren Glasscheiben etwas Licht bekam. Rechts davon lag die Küche und geradeaus vom Eingang ging es in das Wohnzimmer. Es war ein riesiges Zimmer von 42 Quadratmeter Grundfläche. Rechts davon, durch eine Doppeltür verbunden ging es in ein weiteres Zimmer von 3 mal 7 Meter, das auch durch eine Tür von der Küche aus zu erreichen war. Diese war ebenso groß, so daß wir eine Wohnfläche von 90 Quadratmeter hatten. Toilettenfragen wurden bei diesen Bauten um die Mitte des vorigen

Jahrhunderts zweitrangig behandelt. Sogar das Berliner Stadtschloß hatte kein Badezimmer und wenn unser Kaiser baden wollte, mußte immer erst eine Badewanne dazu herangeschafft werden.

Die Latrinen der Mannschaften lagen auf dem Hof und die einzelnen Klos hatten keine Türen. Die, der Offiziere waren von diesen getrennt, aber mit Türen versehen. Die Toilette für uns lag einen Stock tiefer auf dem Flur, und wir mußten sie zusammen mit dem Wohnungsinhaber unter uns benutzen.

Der Umzug war für den 1. April 1920 vorgesehen. Cousine Martha war anschließend an die Stillegung der Gewehrfabrik in „Stellung" gegangen, d.h. sie hatte sich als Kindermädchen verdingt, mit Kost und Logis. Grußmutter war schon seit längerer Zeit bettlägerig. Sie hatte die sogenannte Wassersucht und konnte nicht mehr laufen. Grußvater war noch einigermaßen intakt, aber in einem Alter von 70 Jahren war man damals schon ziemlich hinfällig.

Großvater und ich fuhren am Umzugstag mit der Vorortbahn nach Berlin. Großmutter wurde mit ihrem Bett in den Möbelwagen geschoben und alle übrigen fuhren ebenfalls mit. Am Nachmittag stand ich in der Wageneinfahrt in der Zeughofstraße und wartete auf den Möbelwagen. Ich versuchte das ca. 30 Meter entfernte Straßenschild zu entziffern und konnte mühselig Wrangelstraße lesen. Ein Jahr später waren meine Augen so schlecht geworden, daß ich dasselbe Schild noch nicht aus 3 Meter Entfernung hätte lesen können. Der Möbelwagen kam nicht. Es wurde schon langsam dunkel, und er war immer noch nicht da. Endlich, nach endlosem Warten, tauchte er auf. In der Yorckstraße hatte es eine Panne gegeben. Ein Rad war abgegangen von dem Pferdefuhrwerk und es war schwierig den Schaden zu beheben.

Wir wohnten jetzt also in Berlin SO 36. Eine schwierige Frage gab es zu klären. Herbert war schon vor drei Jahren von der Volksschule in der Mauerstrauße in die Mittelschule in der Kirchstraße zwischen Breitestraße und Nikolaikirche umgeschult worden. Bei mir war der Zeitpunkt zu Umschulung auch gekommen. Meine Eltern wollten mit der Schulbildung beider Brüder keine Ausnahme machen, obwohl meine Zeugnisse nicht so gute Noten aufwiesen wie bei Bruder Herbert. Einerseits sollte Herbert nicht umgeschult werden, andererseits sollten wir beide in dieselbe Schule gehen. Nun fassten meine Eltern einen mir noch heute unverständlichen Entschluß: ich wurde in Herberts Schule in Spandau eingeschult.

Wir mußten also jeden Morgen den Weg von der Zeughofstraße zum damaligen Schlesischen Bahnhof, der heute „Ostbahnhof" heißt, zurücklegen, der eine gute Viertelstunde dauerte. Mit dem Dampfzug fuhren wir zum Lehrter Bahnhof, stiegen dort in den Vorortzug nach Spandau um und fuhren mit diesem zum dortigen Hauptbahnhof. Von hier hatten wir noch eine knappe Viertelstunde zu unserer Schule.

Das machten wir vier Wochen lang. Dann hatte Mutter eine Rücksprache mit unserem damaligen Pfarrer Freybe von der Emmaus-Gemeinde auf dem Lausitzer Platz. Dieser machte ihr den Vorschlag, uns doch in die Carl-Michaelis-Realschule in der Mariannenstraße 47 zu schicken. Er hätte oft Konfirmanden aus dieser Schule und nur gutes von ihr gehört. Von nun an gingen wir also in der Mariannenstraße zur Schule und hatten jetzt nur noch einen Weg, der so weit war wie vorher der zum Schlesischen Bahnhof.

Ich kam in die Sexta, Herbert in die Tertia. Ich lernte Französisch und Englisch und wurde ein Jahr später für den Schulchor ausgewählt, aus dem ich bis zum Schulende nicht mehr herauskam, auch nicht während des Stimmbruchs. Um diese Zeit versetzte mich unser

Musiklehrer vom Sopran in den Baß, von dort in den Alt, um dann endlich im Tenor zu landen

Wir fanden auch in der Kaserne neue Freunde: Helmut, Otto, Konrad. Wir spielten Fußball auf dem Kasernenhof, der auch zwei Fußballtore hatte, bildeten einen Wanderverein mit einem kleinen Beitrag, der dazu benutzt wurde, daß wir alle zwei Wochen einen Ausflug in die Berliner Umgebung machen konnten. Eines Tages rief uns Herbert zusammen. Er machte den Vorschlag, ein Gerät zu bauen, das er irgendwo gesehen hatte und zwar ein Brett mit einer Lenkstange vorne dran, sowie unten mit zwei Rädern. Das taten wir dann auch, und für uns war das die Geburtsstunde des Rollers.

Großmutter war krank nach Berlin gekommen. Ihr Zustand besserte sich noch einmal, so daß sie gestützt an die Fenster geführt werden konnte, um auf die Straße zu sehen. Dann wurde es aber so schlimm, daß sie sich nicht mehr allein im Bett umdrehen konnte. Für Mutter, die sehr an ihr hing, eine Zeit, die beinahe über ihre Kräfte ging, denn auch nach nachts mußte das mindestens alle zwei Stunden geschehen. Am 13. September 1920, im 78. Lebensjahr schloß sie ihre Augen für immer und wir bestatteten sie auf dem Emmaus-Kirchhof in der Herrmannstraße in Neukölln. Großvater folgte ihr ein Jahr später am 29. Oktober 1921, nachdem er eine Woche vorher einen Schlaganfall erlitten hatte. Am 30. März hatte er seinen 71. Geburtstag gefeiert. Ein paar Grabreihen weiter fand er seine Ruhe auf demselben Friedhof.

Wir waren nun wieder fünf in der Familie, aber nicht lange. Cousine Martha hatte den Beruf eines Kindermädchens satt und wollte einen Kursus in Stenografie und Schreibmaschine machen, um dann eine Bürostellung antreten zu können. Dazu wollte sie bei uns wohnen und die Eltern nahem sie auch wieder auf.

Mutter war von Kindheit an fromm erzogen. Die Emmauskirche war nicht weit, und wir hatten bald Kontakt mit dem Gemeindeleben. Herbert wurde Ostern konfirmiert und trat anschließend in den Jungmännerverein der Emmauskirche ein. Das konnte man nur, wenn man eingesegnet war. Für mich kam die Jungschar in Frage, in der ich bald ein treues Mitglied wurde, bis ich dann im Jahre 1924, nach meiner Einsegnung, ebenfalls dem Jungmännerverein beitrat.

Das füllte während der weiteren Jahre fast unsere gesamte abendliche Freizeit aus, noch dazu als im Jahre 1924 ein Posaunenchor gegründet wurde, dem Herbert sofort als Pistonbläser, und ich ein Jahr später als Tenorhornbläser beitrat. Die Übungsstunden fanden montags und donnerstags in dem damaligen Jugendheim in der Eisenbahnstraße statt. Am Dienstag war Zusammenkunft der „Älteren Abteilung" der man mit 18 Jahren angehören konnte. Am Mittwoch war Sport, im Winter in der Turnhalle in der Schule Köpenicker Straße und im Sommer auf einer Wiese im Treptower Park. Am Freitag war Bibelstunde und am Sonntag traf sich die „Jüngere Abteilung". Jedes Jahr hatte unser Verein sein Stiftungsfest, entweder in einem Saal in Treptow oder in der Ohmstraße. Dazu wurde jedes Mal ein Theaterstück eingeübt, in dem wir beiden Brüder oft eine Rolle hatten. Dazu spielte unser Posaunenchor seine eingeübten Stücke.

In der Pappelallee in Treptow hatte die Gemeinde, innerhalb eines Laubengeländes, ein Grundstück gepachtet. Dazu gehörten eine Kaffeeküche und eine hufeisenförmige, überdachte Veranda mit Tischen und Bänken. Es verblieb noch ein großes Freigelände für unsere Spiele. Hier fanden die jährlichen Sommerveranstaltungen statt. Wir vergnügten uns fast jeden Sonntag auf diesem Gelände.

Wenn wir unseren Sport im Sommer bei einbrechender Dunkelheit beendeten, gingen wir zu „Zenner". Das war ein großer Kaffeegarte in Treptow uns zwar einer von mehreren gleichartigen, die alle an der Spree lagen. Von „Zenner" aber führte eine Brücke zur Abteiinsel, auf der jeden Mittwoch ein großes Feuerwerk abgebrannt wurde.

Die Arbeit in der Kaserne war für Vater im Jahre 1923 zu Ende. Die Bereitschaftspolizei wurde aufgelöst. Er verlor seine Stellung dort, und da er aus seiner Jugendzeit Kontakt zu Pferden hatte, nahm er eine Stellung in einer Kistenfabrik an, die Kisten zum Transport für Pianos anfertigte. Diese fuhr er nun mit einem Pferdewagen an die Empfänger in allen Teilen Berlins aus. In den Ferien durfte ich - und manchmal auch mit Hilla - mit ihm auf dem Kutschbock mitfahren.

Im Herbst 1923, als die Geldentwertung ihren Höhepunkt erreicht hatte und eine Billion Papiermark durch den neuen Wert einer Rentenmark ersetzt wurde, wurden wir durch ein neues Wunder der Technik überrascht. Das Voxhaus in der Potsdamer Straße strahlte am 29. Oktober 1923 seine erste Sendung drahtlos in den Äther. Wer ein Empfangsgerät dafür hatte, konnte diese Sendungen empfangen. Dieses Gerät bestand aus einer Spule, einem Kondensator und einem kleinen Kristalldetektor, mit dem man mittels eines Kopfhörers und einem langen Draht als Antenne die Sendung empfangen konnte.

Ich war seit einiger Zeit Leser einer Jugendzeitschrift, die sich „Der heitere Fridolin" nannte und vom Verlag Ullstein herausgegeben wurde. Dort wurde Anfang 1924 der Selbstbau eines solchen Gerätes beschrieben. Ich war Feuer und Flamme, wickelte mir aus Packpapier und Kleister ein Rohr von 6 cm Durchmesser, bewickelte dieses mit einer Lage Kupfer-Lackdraht und befestigte dieses mittels zweier Brettchen auf eine Holzplatte. Hinzu kam ein Schleifkontakt, der auf der Spule entlanggeschoben werden konnte und zur Senderabstimmung diente. Einen kleinen

Kristall schmolz ich einen metallenen Tubenverschluß und tastete diesen mit einem federnden Hebel und einer Drahtspitze ab. Den Kondensator fertigte ich aus Stanniolpapier, das ich in Streifen schnitt, und diese mit einem gleichbreiten Streifen aus Packpapier, das ich in Wachs getränkt hatte, zusammen aufwickelte. Je ein Anschluß für Antenne und Erde, sowie zwei Buchsen für den Kopfhörer, den ich mir aus dem gegenüberliegenden DTW-Werk besorgen ließ, vervollständigte mein Empfangsgerät. Eine Antenne wurde ringsum isoliert an den Zimmerwänden befestigt, die Erde an die Wasserleitung angeschlossen und dann kam der große Moment, wo ich meine Kopfhörer aufsetzte, den Kristall abtastete und zum ersten Mal eine Stimme vernahm, die drahtlos durch die Luft mein Ohr erreichte: „Hier ist Berlin auf Welle 505!"

Ich habe später noch weitere Radioapparate gebaut mit bis zu vier Röhren mit Akku und Anodenbatterie und Lautsprecher, aber keiner ist mir auf Anhieb so gut gelungen, wie dieser, mein erster Detektorapparat. Ich saß abends oft mit den Kopfhörern über den Ohren, hörte Schauspiele, inszeniert und mitgespielt von unserem ersten Rundfunksprecher Alfred Braun, hörte Opern, zu denen ich mir die Textbücher kaufte, um den Gesang zu verfolgen und war bis Anfang der dreißiger Jahre ein echter Rundfunkfan. Als dann die Volksempfänger aufkamen, war mit meiner Radiobastelei Schluß.

Herbert hatte 1923 seine Schulzeit beendet und wurde Banklehrling bei der „Berline Diskonto-Gesellschaft", die heute den Namen „Deutsche Bank Berlin" trägt. Er wurde der Filiale Köpenick zugeteilt und machte den Weg dorthin morgens und abends mit dem Fahrrad. Ich selber war mir über meinen zukünftigen Beruf nicht klar. Meine Leidenschaft war der Flugmodellbau. Nach Anleitungen baute ich mir alle möglichen Flugmodelle. Die Propeller schnitzte ich selbst, kaufte mir meterweise Gummischnur, mit der ich die Propeller abschnurren ließ. Der Segelflugsport kam auf. Ich verfolgte die Berichte über Wettflüge auf der Wasserkuppe in der Rhön und in Ostpreußen über den Dünen von Rositten. Im Jahre 1925 veranstaltete Ullstein auf dem Tempelhofer Feld den „B-Z-Preis der Lüfte". Ich starrte gebannt auf die Kunstflugartisten. Mehrere Jahre hintereinander wurde auf dem Flugplatz Staaken ein „Großer Flugtag" veranstaltet und zwar jedes Mal am 2. Pfingstfeiertag. Ich war jedes Mal dabei.

Auf die Frage meiner Eltern nach meinem Berufswunsch antwortete ich „Flugzeugführer!" Ein Kopfschütteln war die Reaktion. Ich selber bedachte nicht, daß meine körperliche Verfassung das gar nicht zugelassen hätte. Dazu zählten zu meiner Kursichtigkeit von -2 Dioptrien auch eine angeborene Farbenblindheit, die ich zu verheimlichen suchte, sowie meine Übelkeit, die bei jedem schwankenden Untergrund auftrat.

1926 war ein Jahr in dem es schlecht Lehrstellen gab. Da Vater meine Radiobastelei kannte und von einem Elektromeister wußte, der einen neuen Lehrling suchte, fing ich in der Dresdener Straße in seiner Werkstatt als Elektrolehrling an. Es gab noch einen zweiten Lehrling und einen Gesellen, aber Aufträge gab es nicht viele. So wurde ich auf das Rathaus in Köpenick geschickt, um die Steuer für das Segelboot des Meisters zu bezahlen.

Auf seinem Wassergrundstück in Grünau mußten wir beiden Lehrlinge eine Pumpe installieren. Einmal wurde ich in die Ratiborstraße geschickt, um eine ausstehende Rechnung von einer kleinen Firma zu kassieren. Im Büro sagte mir das Fräulein nach meiner Geldforderung: „Der Chef ist nicht da." Ich war noch nicht so beschlagen, daß ich erkennen konnte, daß das eine Ausrede war, um sich vor der Zahlung vorläufig zu drücken. Nach einer Stunde vergeblichen Wartens ging ich und wurde vom Meister angefahren, daß man mich noch nicht mal schicken könnte, um ein paar Mark zu kassieren. Ein paar Tage später erfuhr mein Vater, daß sich mein Meister in seiner Stammkneipe über mich lustig gemacht hätte. Erbost darüber mußte ich dort aufhören.

Infolge der Kistenlieferungen Vaters, die jetzt auch andere Transportkisten umfaßte hatte er Verbindung mit einer Maschinenfabrik Heinrich Fuchs in der Dresdener Strauße, die Plisseemaschinen herstellte. Dort konnte ich Ende April 1926 als Maschinenbauerlehrling anfangen. Es war ein kleinerer Betrieb mit einem Meister und zwei Brüdern, die sich den Betrieb als Chefs in Büro- und Werkstattaufgaben teilten. Im Verhältnis zu den Gesellen waren wir zu viele Lehrlinge, denn ich wurde als Neunter angenommen. Mit meinen 16 Jahren war ich den anderen Lehrlingen, die mit 14 Jahren angefangen hatten, körperlich im Vorteil und das wurde von den Chefs in der Wiese ausgenutzt, daß ich bei Maschinenlieferungen und deren Montag innerhalb Berlins, den Gesellen als Hilfskraft beigegeben wurde. Für schwerere Maschinenteile, die mit der Straßenbahn transportiert werden konnten, wurde ich als Bote ausersehen. Trotzdem erlernte ich während 3 ½ Jahre das Handwerk eines Maschinenschlossers und konnte im Herbst 1929 vor der Handwerkskammer in der Georgenstrauße am Bahnhof Friedrichstraße meine Gesellenprüfung mit „Gut" ablegen.

Die sozialen Verhältnisse in der damaligen Zeit waren noch ziemlich unterentwickelt. Die Arbeitszeit ging von 7:00 bis 17:00 Uhr mit einer Viertelstunde Frühstück und einer halben Stunde Mittagspause. Am Sonnabend wurde bis um 14:00 Uhr gearbeitet. Wir Lehrlinge kamen aber selten vor 16:00 Uhr weg, denn wir mußten ab 12:00 Uhr die Maschinen und die Werkstatt säubern und dann warten, bis es unserem Chef genehm war, unsere Arbeit abzunehmen, und uns nach Hause zu entlassen.

Früher mußten die Lehrlinge Lehrgeld bezahlen. Wir wurden schon entlohnt. Im 1. Lehrjahr mit 3,-- Mark pro Woche, im zweiten mit 4,-- Mark, im dritten mit 5,-- Mark und im letzten Halbjahr mit 8,-- Mark. Urlaub gab es für uns Lehrlinge nicht. Die Gesellen bekamen im Anfang zwei Tage, wenn sie etwas länger da waren, drei Tage Jahresurlaub.

Aber einmal wurde mir doch von meinem Chef, auf meine Bitte hin, Urlaub zugestanden. Acht Tage wollte er mir geben, womit er natürlich eine Woche meinte.

Herbert hatte sich am 18. Mai mit Margarete Pinnow verlobt und wir drei Geschwister und Margarete wollten zusammen eine Wandertour durch das Riesengebirge machen. Sie sollte von Sonntag bis zum anderen Dienstag dauern. Ich hatte aber nur bis Sonntag Urlaub.

Wir fuhren vom Görlitzer Bahnhof nach Hirschberg, wanderten durch das Isergebirge nach Agnetendorf, besichtigten das Haus Gerhart Hauptmanns, kamen nach Schreiberhau, stiegen zur Reigträgerbaude empor, wanderten den Kamm entlang und kamen nach Schmiedeberg. Es war wieder Sonntag, und ich hätte nach Hause fahren, aber ich wollte doch die Wanderung bis zu Ende mitmachen, die uns noch nach Trautenau und zur Felsenstadt Adelsbach führen sollte, welche in Böhmen lagen. Ich kämpfte mit mir und blieb.

Am Mittwoch erschien ich wieder auf meiner Lehrstelle. Der Meister sagte zu mir: „Zieh dich man gar nicht aus, du kannst gleich wieder gehen. Warte mal, bis der Chef kommt." Mir war gar nicht gut, und dann stand ich im Büro: „Was hast du dir denn dabei gedacht, zwei Tage später zu kommen?" fragte er mich. „Aber sie hatten mir doch acht Tage Urlaub gegeben, und die waren gestern um", sagte ich. „Du verdammter Bengel, ich hatte dir eine

Woche Urlaub gegeben, und nun mach daß du an deine Arbeit kommst!" Ich war froh, daß mir die Ausrede eingefallen war und daß alles noch einmal so gut abgegangen war.

Von 1927 bis 1929 hatten wir Hochkonjunktur mit unseren Plisseemaschinen. Plisseeröcke in allen Variationen war die große Mode und überall entstanden kleine Unternehmen innerhalb der Textilbranche, die plissierte Stoffe lieferten. Die Nachfrage nach unseren Maschinen stieg derart, daß sich unser Betrieb auf das Doppelte vergrößerte. Deshalb wurde ich auch als Geselle weiterbeschäftigt, als ich ausgelernt hatte.

Die politischen Verhältnisse während der ganzen Zwanziger Jahre waren ziemlich turbulent. Es gab eine Unmenge von Parteien, die sich teilweise blutig bekämpften. Das änderte sich auch nicht, als 1925 der Sozialdemokrat Ebert starb und der ehemalige Generalfeldmarschall von Hindenburg im Alter von 78 das Amt des Reispräsidenten übernahm. Die „Deutschnationalen" konnten das Kaiserreich nicht vergessen und hielten zu ihrer alten Fahne „Schwarz-Weiß-Rot", wobei sie von der militärischen Formation des „Stahlhelm" unterstützt wurden. Das öffentliche Parteiorgan war der „Berliner Lokalanzeiger" von August Scherl mit dem Inhaber Alfred Hugenberg. Die Gegenpartei hatte als Unterstützung eine ähnliche Formation, das „Reisbanner", mit den amtlichen Farben „Schwarz-Rot-Gold", von den Nationalen verächtlich „Schwarz-Rot-Mostrich" genannt. Ihr Parteiorgan war der „Vorwärts".

Als dritte große Partei fungierte die „Kommunistische Partei", unterstützt vom „Rotkämpferbund". Ihre Demonstrationszüge wurden allgemein von Schalmaienkapellen begleitet. Ihre Zeitung war „Die Rote Fahne".

Eine Organisation, die erst Ende der zwanziger Jahre die Aufmerksamkeit der Berliner Bevölkerung auf sich lenkte, war die „Nationalsozialistische Deutsche Arbeiterpartei", kurz NSDAP genannt. Sie arbeitete nicht mit den Rechtsparteien zusammen, bekämpfte aber auf das schärfste alles, was nach links abwich. Ab und zu hörte man in diesem Zusammengang den Namen Adolf Hitler.

In unserer Familie lief das Leben indes seinen Gang. Schwester Hilla kam im Herbst 1926 aus der Schule und begann ein halbes Jahr später eine Lehre als Kontoristin in einer Kassenblickfabrik. Herbert hatte 1927 bei seiner Bank ausgelernt und war jetzt Bankkaufmann.

Die einzige Sorge in unserer Familie war unsere Mutter. 1927 begann sie zu kränkeln, mußte ins Krankenhaus in die Charité in der Karlstrauße, hatte weiterhin Beschwerden am Unterleib und kein Arzt sagte ihr aufrichtig die Art ihrer Erkrankung. Sie stand weiterhin tapfer dem Haushalt vor und wir unterstützten sie so gut wir konnten. Vater, der einen ungeheuren Zigarettenkonsum hatte, stellte sich von einem Tag auf den anderen auf einen sehr verminderten Zigarrenverbrauch um, als ihm der Arzt sagte: „Herr Kinder, wenn Sie mit den Zigaretten nicht aufhören, sind Sie in einem halben Jahr tot."

Ich war inzwischen in einem Alter, indem ich meinte, rückständig zu sein, wenn ich sah, wie meine gleichaltrige Umgebung mit den Mädchen flirtete. Jeden Sonntag war ich mit draußen in Treptow in der „Emmauslaube". Wir waren dort ein gemischtes junges Volk. Der Jungmädchenkreis von Emmaus und von der Nachbargemeinde Tabor genoß es ebenfalls, hier herumzutollen. Wir spielten Ballspiele und „Drittenabschlagen" und abends gingen wir in gemischter Reihe durch den dunklen Treptower Park nach Hause. Nach einem Sommerfest, das meistens mit einem

Fackelzug abschloß, gingen die Kinder mit ihren leuchtenden Stocklaternen vor uns her.

Meine Augen verfolgten immer öfter ein junges Mädchen mit einem breiten Haarknoten im Nacken mit blonden Haaren. Im Sommer 1929 kam sie mit den Tabormädchen fast jeden Sonntag zu uns in die Emmauslaube. Beim Drittenabschlagen stellte ich mich nach Möglichkeit hinter sie, und beim gemeinsamen nach Hause gehen hängte ich mich bei ihr ein. Sie hatte nichts dagegen. Ich fragte sie nach ihrem Namen, und sie sagte: „Ich heiße Erna, aber der Name gefällt mir nicht, ich möchte lieber Erni genannt werden." Nun, mir war das egal: „Und weiter", fragte ich, „wie heißen Sie weiter?" „Badziong" sagte sie. „Bitte, noch einmal", sagte ich. Sie fing an zu buchstabieren: „B-A-D-Z-I-O-N-G" „Das klingt aber gar nicht deutsch", sagte ich. „Nein", meinte sie, „einer meiner Vorfahren, wahrscheinlich aus dem Napoleonischen Krieg gegen Rußland, soll ein Franzose gewesen sein." Und, nachdem ich meinen Namen gesagt hatte: „Na, Kinder hört sich auch ganz schön komisch an, aber Kurt ist ganz gut." Wir lachten beide darüber. „Haben Sie am nächsten Sonntag was vor?" „Ja, leider, da wird meine Cousine Ruth, bei der ich Patin bin, ein Jahr alt. Aber am Sonntag danach, am 2. September hätte ich Zeit."

Vierzehn Tage später trafen wir uns. Ich holte sie vor der Wohnung ihrer Eltern in der Oppelner Straße 27 ab, und wir gingen untergehakt oder Hand in Hand über die Warschauer Brücke zur Stralauer Allee und weiter durch Alt Stralau bis zum Ende der Halbinsel, wo wir uns in einem Gartenlokal niederließen., für jeden eine Berliner Weiße bestellten, damit anstießen und Brüderschaft tranken. Zu einem anschließenden Kuß konnten wir uns aber beide nicht überwinden, dazu waren die Hemmungen noch zu große. Ein eigenartiges Gefühl war es aber doch, jetzt „Du" sagen zu können.

Das war der Beginn einer Freundschaft, die nach fünf Jahren in eine Verlobung überging und nach zwei weiteren Jahren zur Ehe führte. Aber bis dahin war noch ein weiter Weg, der durch viele Tiefen führte.

Arbeitslos

Die große Rezession begann im Laufe des Jahres 1930. Die Aufträge in unserer Maschinenfabrik wurden weniger und die Zahl der Gesellen nahm weiter ab. Eines Tages, es war der 28. September, rief mich der Chef zu sich ins Büro: „Herr Kinder," sagte er, „ich kann sie leider nicht mehr halten, ich muß sie entlassen. Es tut mir leid, vielleicht ist es in ein paar Wochen wieder besser, aber im Augenblick habe ich nicht genug Arbeit."

Eine Kündigungsfrist gab es nicht, ich war also vom nächsten Tag an arbeitslos. Ich meldete mich auf dem Arbeitsamt, bekam eine Stempelkarte, mit der ich zweimal in der Woche dort erscheinen mußte, um mir einen Stempeldruck abzuholen, der mich berechtigte, am Zahltag 13,-- Mark Arbeitsunterstützung abzuholen in der Woche.

Ich hatte bisher meiner Mutter 10,--Mark Kostgeld in der Woche abgegeben und die bekam sie jetzt auch weiter. 3,-- Mark behielt ich für mich als Taschengeld.

Es begann eine schlimme Zeit. Die ungewohnte Freizeit erdrückte mich fast. Nach dem Stempeln in der Seydelstraße, in der Nähe des Spittelmarktes, streifte ich ziellos durch die Straßen, ging für 50 Pfennig in ein Tageskino, und stellte mich morgens zu den anderen Wartenden am Schlesischen Tor, um die gratis verteilten Sonderdrucke der „Berliner Morgenpost" mit den neuesten Stellenanzeigen durchzusehen. Für mich war niemals was drin und die Zahl der Arbeitslosen nahm täglich zu.

Wir hatten immer noch unsere Wohnung in der Kaserne, waren aber längst gekündigt, allerdings mit dem Hinweis, daß man uns eine andere Wohnung zuweisen würde. Diese waren damals aber auch knapp. Trotzdem bekamen wir hin und wieder eine Adresse vom Wohnungsamt, um uns die zugeteilte Wohnung anzusehen. Bei Nichtgefallen mußte die Karte vom Hauswirt unterschrieben an das Wohnungsamt mit einem Vermerk zurückgesandt werden.

Die Eltern hatten kein Interesse daran, aus ihrer Wohnung auszuziehen, und da ich Zeit hatte, sagte Mutter: „Kurt, geh mal hin, sieh dir die Wohnung an und laß die Karte vom Hauswirt unterschreiben." In der Folge sah ich Bruchbuden. Am Ende der Waldemarstraße, hinter der Adalbertstraße, ein Zwei-Zimmerwohnung auf dem zweiten Hof, parterre, am Durchgang zum Dritten Hinterhof. Durch die offenstehenden Fenster der dunklen Wohnung hatten Kinder alte Matratzenfedern geworfen. Eine Wohnung in der Wilhelmstraße. Eine steinerne Wendeltreppe, muffiger Geruch, in den Zimmern hingen die Tapeten von den feuchten Wänden.

Es gab auch manchmal bessere, die noch bewohnt waren und ich schlug Mutter vor, sie sich anzusehen, aber sie wollte nicht. Wieder kam eine Adresse vom Wohnungsamt. Die Wohnung lag in der Waldemarstraße 64a. „Geh hin und laß unterschreiben", sagte Mutter. Die Wohnung im Vorderhaus, 4. Etage, der Treppenaufgang ziemlich ordentlich, pro Stockwerk zwei Mietparteien, der Eingang mit braunlasierten Flügeltüren, Innentoilette, Balkon zwar nach Norden, aber immerhin. Ein größeres Zimmer, ein kleineres, Korridor, Küche, Kammer mit der Toilette an deren Ende.

„Mama", sagte ich „wir müssen doch mal raus und die letzte Wohnung ist einigermaßen in Ordnung, komm mit und sieh sie dir an." Ich konnte sie überreden, sie kam mit, sah sich die Wohnung an, und wir machten den Mietvertrag. Der Umzug wurde für den 1. Dezember 1930 festgesetzt. Cousine Martha, die immer noch bei uns wohnte, wäre gerne mitgezogen, aber Mutter blieb hart: „Es ist unmöglich", sagte sie, „die Wohnung ist dafür zu klein." Martha musste sich ein möbliertes Zimmer suchen.

Am 3. März 1931 feierte ich meinen 21. Geburtstag. Das größte Geschenk war, daß ich an diesem Tag eine neue Arbeit antreten durfte. Ich wurde Gußputzer in einer Fabrik für eiserne Bettstellen am Friedrich-Krause-Ufer. Neun Monate war es eine schwere, staubige Arbeit, denn die umgossenen Winkeleisenrahmen mußten mit dem Schleifstein sauber geschliffen werden. Ich war trotzdem froh, wieder eine Arbeit zu haben. Am 24. November desselben Jahres hatte die Firma keine Arbeit mehr, ich wurde wieder entlassen und meldete mich erneut auf dem Arbeitsamt.

Im September 1932 suchte eine Firma „Film und Pressedienst" in der Nürnberger Straße Mitarbeiter. Ein Monatsgehalt von 200 Mark wurde mir versprochen. Das war für mich vermeintlich viel Geld, und ich machte ein erfreutes Gesicht, bekam aber dazu gesagt, es wäre eine Reisetätigkeit und ich müßte davon die Reisespesen tragen. Eine weitere Auflage kam hinzu, ich mußte eine Filmkamera mit einem festen Stativ haben, sozusagen als mitzubringendes Handwerkszeug. Die Reisetätigkeit bestand darin, mit einer Gruppe von fünf Mann und einem Akquisiteur in die von diesem festgemachten Schulen zu gehen, um dort mit unseren Filmkameras Einzelaufnahmen von Schulkindern in ihrer Klasse zu machen. Die Filmrollen wurden nach Berlin geschickt, dort entwickelt und Vergrößerungen hergestellt, die dann ein anderer Trupp verkaufen sollte. Die Adressen mußten die Kinder auf vorher verteilte Briefumschläge schreiben, die wir mit den entsprechenden Nummern der Aufnahmen versahen.

Aber schon die Beschaffung der Filmausrüstung sollte ein Geschäft für die Firma werden, denn ich wurde an einen Herrn Löwenthal verwiesen, bei dem ich die Ausrüstung günstig erwerben sollte. Ein 60mm-Apparat sollte es sein für Normalfilm, dazu ein festes Stativ. Die Kästen hatten damals eine Höhe von 30 cm, eine Länge von 40 cm und eine Breite von 20 cm. 600,-- Mark sollte der gebrauchte Kasten kosten und das Stativ 75,-- Mark.

Es war das erste Mal, daß ich solch ein Geschäft mit einem Juden machte, bei dem ich über das Ohr gehauen werden sollte. Das war mit ein Grund dafür, daß ich Jahre später der Judenfeindschaft Hitlers nicht so ganz ablehnend gegenüberstand. Weil ich die 600,-- Mark nicht hatte, kam das Geschäft nicht zu Stande. Ich erwarb einen kleineren Apparat in einem Geschäft für Filmzubehör in der Friedrichstraße für 75,-- Mark und gewann da schon den Eindruck, daß der angebotene Apparat nicht mehr als 200,- Mark hätte kosten dürfen. Trotzdem ließ ich mir von dem Herrn Löwenthal ein schweres Stativ für 75,-- Mark aufreden, das ich später in einem UFA-Geschäft am Dönhoffplatz umtauschte, wobei mir bestätigt wurde, daß es nicht mehr als 40,-- Mark wert war.

Das alles lag nun gar nicht im Geschäftsinteresse meiner neuen Firma. Trotzdem ließ man mich nach einer kurzen Ausbildung am 25. Oktober zu einem Trupp nach Stettin fahren. Dort konnte ich bei meiner Tante Raese wohnen und sparte so das Übernachtungsgeld. Aber rosig sah es mit der Arbeit nicht aus. Aufnahmen konnten wir nicht machen, dafür versuchten wir in der Umgebung Stettins bereits gemachte Aufnahmen mit den Fotos der Schulkinder zu verkaufen, aber leider mit wenig Erfolg. Am 2. November war ich wieder in Berlin.

Um meine neue Firma war es ruhig geworden. Bei meinen Besuchen in der Nürnberger Straße war entweder geschlossen oder ich wurde unter fadenscheinigem Vorwand nicht vorgelassen. Am 14. November machte ich eine Anzeige beim Arbeitsgericht, bekam vier Tage später schon eine Vorladung und noch vor der Verhandlung zeigte sich meine Firma bereit, mich weiter zu beschäftigen. Sie wollte mit dem Gericht nichts zu tun haben.

Am 21. November fuhr ich mit der Bahn nach Landsberg an der Warthe (im heutigen Polen), traf dort auf meinen Filmtrupp und wir gingen in die Schulen, um dort Aufnahmen von den Schulkindern zu machen. Schon in den ersten Tagen gewann ich den Eindruck, daß sich meine neue Tätigkeit am Rande der Legalität bewegte. Der Akquisiteur mußte die Genehmigung zu den Aufnahmen bei dem zuständigen Schulrat einholen. Diesem wurde nun etwas vorgeflunkert, wobei vermieden wurde, von einem anschließenden Besuch der Eltern der Schulkinder zwecks Bilderverkauf zu sprechen. Ich bekam einen ganz neuen Eindruck von Lehrern, denn so leicht wie diese zu täuschen waren, hatte ich nicht erwartet. Als eine entsprechende Notiz über uns im Lokalblatt erschien, räumten wir Landsberg und unsere Reise ging mit unterschiedlichem Erfolg weiter über Züllichau, Grünberg, Sagan, Bunzlau, Lauben und Hirschberg nach Landshut. Von Sagan an hatten wir einen Pkw dazubekommen und mit diesem fuhren wir bei Beginn der Weihnachtsferien nach Berlin zurück. Weihnachten und Sylvester konnte ich also wieder zu Hause feiern, aber am 7. Januar kam Erni wegen starker Leibschmerzen ins Krankenhaus Bethanien und wurde dort am 9. Januar 1933 am Blinddarm operiert.

Am 10. Januar sollte ich meine Arbeit in Bautzen wieder aufnehmen. Wir arbeiteten dort und in Löbau, fuhren dann mit der Bahn nach Dresden von dort weiter nach Altenburg und Meuselwitz, aber der Erfolg war sehr gering. Herr Regenstein, unser Akquisiteur, bekam kaum noch Genehmigungen von den Schulräten. Wir beendeten unsere Tätigkeit und fuhren nach Berlin zurück. Damit hatte meine Arbeit bei dieser Firma wieder einmal ein Ende gefunden.

Der Nationalsozialismus hatte inzwischen soviel an Macht gewonnen, daß Thüringen schon unter der Führung eines Nationalsozialisten stand. Der 30. Januar kam, von unserer

Familie unbeobachtet. Erst am nächsten Tage erfuhren wir in der Zeitung davon.

Dr. Goebbels, der spätere Propagandaminister, aber wußte, was er der Welt schuldete. Der Fackelzug kam so überraschend, daß wegen der Dunkelheit keine guten Filmaufnahmen möglich waren. Aus diesem Grund wurde er am nächsten Tag noch einmal wiederholt, und jetzt waren alle Voraussetzungen, wie Scheinwerfer und jubelndes Volk, erfüllt, um die Mitwelt in ihren Wochenschauen von der nationalen Umwälzung in Kenntnis zu setzen.

Wir Jungen in unserem kirchlichen Verein, standen der neuen Bewegungen wohlwollend gegenüber. Sympathisierten wir zuerst mit dem „Stahlhelm", so wandten wir uns mehr und mehr der neuen Bewegung zu. Versprach diese doch, uns endlich aus dem Schlamassel der Weimarer Regierung mit ihrer Arbeitslosigkeit und der Vielzahl der Parteien mit ihren verschiedenen Richtungen, unter einem starken Führer herauszubringen. Mutter war seit jeher kaisertreu gewesen und widerstand lange den werbenden Worten Herberts, der in seinem jugendlichen Drang sie zu der neuen Bewegung bekehren wollte. Was wußten wir auch von Politik. Wir sahen einen starken Arm, der uns aus der Not der letzten Jahre herausführen wollte.

Am 21. März 1933 war der Tag von Potsdam. Ich war dabei, inmitten einer jubelnden Menschenmenge. Hitler in schwarzem Mantel, Frack und Zylinder, neben Reichspräsidenten von Hindenburg, umgeben von den Ehrengästen, dem Kronprinz, Generalfeldmarschall von Mackensen, Generaloberst von Seeckt und Admiral Raeder. Der größte Teil Deutschlands war überzeugt, daß jetzt endlich eine bessere Zeit anbrechen würde.

Der 1. Mai, bisher Anlaß zu Schlägereien zwischen den einzelnen Parteien, wurde 1933 zu einem großartigen Aufmarsch auf dem Tempelhofer Feld. Zu bewundern war die straffe Organisation, die in kürzester Zeit dies alles schaffte. Unser Posaunenchor marschierte im Zuge und machte Marschmusik.

Die Arbeitslosigkeit blieb uns aber vorläufig auch weiterhin erhalten. Ich versuchte nach allen Richtungen hin wieder Arbeit zu bekommen, aber es gelang mir nicht. Das Fotografieren hatte mich aber schon vorher soweit interessiert, daß ich meine Filme selbst entwickelte, von meinen 6x9 Aufnahmen Kopien herstellte, und mir auch schließlich aus Holz und Blech einen Vergrößerungs-apparat baute. Als Objektiv nahm ich dazu die herausschraubbare Optik meiner Filmkamera.

Ich erinnerte mich Ende Februar der Schulaufnahmen und versuchte jetzt auf eigene Rechnung in den Dörfern um Berlin, Kinder in den Schulklassen zu fotografieren. Ich fuhr zuerst mit dem Fahrrad nach Groß Besten und Gräbendorf hinter Königswusterhausen, fotografierte mit meiner Filmkamera, entwickelte zu Hause den Film, machte von jeder Aufnahme eine Postkartenvergrößerung und fuhr wieder in die Orte, um diese beim Lehrer abzuliefern und zu kassieren. Teilweise ließ ich auch die Kinder auf Umschlägen ihre Adressen schreiben. Bei den Eltern versuchte ich dann meine Bilder loszuwerden.

Ich fuhr in die Dörfer im Osten und Norden von Berlin, nach Wartenberg und Lindenberg, nach Eiche, Hellersdorf und Schönow. Vielfach wurde ich abgewiesen, weil schon größere Trupps mit dem Auto die Schulen besuchte hatten, aber ich hatte immerhin so viel Einnahmen, daß ich Mutter ihr Kostgeld geben, und mir sogar einen neuen Anzug kaufen konnte. Arbeitslosenunterstützung bekam ich schon lange nicht mehr.

Einen letzten Versuch, um zu neuen Aufnahmen zu kommen, unternahm ich Ende Mai. Ich fuhr mit dem Fahrrad nach Lindow und Rheinsberg und übernachtete dort. Leider hatte ich aber auch dort keinen Erfolg, denn überall waren schon kurz vorher Aufnahmen von Kindern gemacht worden. Das war wieder einmal das Ende einer Tätigkeit und die wirkliche Arbeitslosigkeit begann erneut.

Die Kleinbildfotografie wurde langsam populär und entsprechende Apparate dazu sah man mehr und mehr in den Fotoläden. Die Leica war damals schon länger bekannt. Hatte ich bisher mit meinem Filmapparat mit dem Format 18x24 mm gearbeitet, so sah ich in der doppelten Negativgröße einen Vorteil, noch dazu, daß ich bei „Foto-Klinke", in der Nähe des Straußberger Platz, billige Filmreste vom Meter bekam.

Ich hatte Zeit, und durch meinen Beruf die Vorkenntnisse, also baute ich mir aus Messingblech, mittels Lötkolben, nach dem Vorbild der Leica einen Kleinbildapparat. Als Objektiv verwendete ich wieder das, aus meinem Filmapparat. Das Schwierigste daran war die Anzeige beim Weiterdrehen der Aufnahmen. Ein Zahnrad dazu feilte ich mir aus Blech und über die Perforation ließ ich einen federnden Finger laufen, der wenn ich beim Weiterdrehen den Apparat ans Ohr hielt, mir durch Knacken den entsprechenden Bildabstand anzeigte. Einen Vario-Verschluß hatte ich von einer billigen, ausrangierten Box.

Mit diesem Apparat begann ich meine Lichtbildnerei. Ich machte Porträtaufnahmen von Erni, Vater, Mutter, Bruder und Schwester, knipste im Ferienlager der Jugend in der Emmauslaube die Kinder, verkaufte die selbst vergrößerten Postkarten und schaute dabei immer wieder nach Arbeit aus. Leider weiterhin ergebnislos.

Herbert hatte am 5. September 1931 geheiratet. Gretel, meine neue Schwägerin, war im Einkauf bei DTW beschäftigt. Sie versuchte mich dort unterzubringen. „Wenn Du bei der SA wärst, dann wäre es leichter, denn diese Leute werden bevorzugt eingestellt." Ich war aber nicht bei der SA. Noch nicht.

Es geht aufwärts

Im Herbst 1933 kam ein Aufruf in die ev. Jungmännervereine, und so auch zu uns nach Emmaus, daß sich diese zu einer Sondergruppe innerhalb eines SA-Sturms in Schöneberg zusammenschließen sollten. Ich hatte Hemmungen das zu tun und sprach mit unserem Diakon Glasow darüber. „Kurt", sagte er, „eine neue Zeit ist angebrochen und es wäre gut da mitzumachen." Ich folgte also dem Aufruf und mit mir auch Otto Steinborn., ein Vereinskamerad. Wir wurden aufgenommen, mußten uns SA-Uniformen besorgen und fuhren nun bei Wind und Wetter nach Schöneberg in das Sturmlokal „Bärenhöhle". Ich machte nun zwar mit, aber alles war mir neu und mit dem Herzen war ich nicht dabei.

Der Unterschied zwischen den Vereinsabenden in Emmaus und den Abenden im Sturmlokal mit Vorträgen über die Entwicklungsgeschichte der Arbeiterschaft, Einzelteile des Revolvers und Karabiners, die bis tief in die Nacht dauerten, war zu groß. Am Wochenende wurden Ausmärsche auf militärischer Basis gemacht. Auf dem Sportplatz wurden Übungen zum Erwerb des Reichsport-abzeichens veranstaltet. Aber ohne besonderen Grund konnte man nicht mehr austreten. Der Weg von Kreuzberg nach Schöneberg mit dem Fahrrad war weit und ich war froh als wir im Sommer des nächsten Jahres zu einem Sturm in der Nähe unserer Wohnung überwiesen werden sollten. In Schöneberg war ich also abgemeldet. Aber der neue Sturm meldete sich nicht und darüber war ich eigentlich froh.

Etwas Gutes hatte mein Eintritt in die SA aber doch gebracht. Ich bekam Arbeit bei den „Deutschen Telefon Werken" kurz DTW genannt. Es war zwar nur eine Stellung als Hilfsarbeiter in der Tischlerei, aber ich hatte wieder

Arbeit und konnte am 26. Oktober 1933 dort anfangen. Da ich nun einmal in einem größeren Betrieb drin war, hatte ich auch die Gelegenheit, mit anderen Abteilungen Kontakt aufzunehmen. Mich interessierte vorzugsweise der Werkzeugbau. Von dieser Abteilung wurde auch der Maschinenpark der Firma überholt. Ich hatte Erfolg und konnte im nächsten Jahr dort beginnen und war dadurch wieder in meinem Beruf als Maschinenschlosser beschäftigt. Der Lohn war minimal ich bekam zu Anfang 86 Pfennig die Stunde, der dann später auf 93 Pfennig anstieg.

Der Zustand unserer Mutter machte uns mehr und mehr Sorgen. Sie war oft im Krankenhaus, konnte dazwischen mit unserem Vater auch mal in Urlaub in den Spreewald fahren, aber im September 1934 war ein neuer Krankenhausaufenthalt nicht zu umgehen. Sie kam ins Sankt Hedwig Krankenhaus in Lichtenberg. Am 8. Oktober besuchten wir sie noch einmal dort. Sie war in einem Einzelzimmer untergebracht. Eine kleine Lampe stand auf dem Boden und erleuchtete matt dem Raum. Ihr Gesicht war eingefallen. Sie winkte Erni und mich zu ihrem Bett, legte unsere Hände zusammen und sagte „Haltet fest zusammen", und zu Ernie gewandt „Ich bin froh, dass er dich hat". Wir standen stumm und schluckten. Am nächsten Tag, es war der 9. Oktober, schlossen sich ihre Augen für immer. Gerade 52 Jahre alt

Wir gaben ihr auf dem Emmaus-Friedhof das letzte Geleit. Sie bekam einen kleinen Stein auf ihrem Grabhügel, den wir über 40 Jahre lang pflegten und schmückten, bis er im Zuge der Neuverwendung des Platzes eingeebnet wurde.

Erni hatte fünf Jahre, auch während meiner Arbeitslosigkeit, treu zu mir gehalten. Trotz aller Anspielungen von Seiten ihrer Umgebung, daß sie doch was Besseres als einen Arbeitslosen haben könnte. Oft brachte sie mir kleine Geschenke, mal einen Binder, mal einen Kragen, um mir eine kleine Freude zu machen. Sie hatte Verkäuferin in einem Herrenartikelgeschäft in der Wrangelstraße gelernt und war nun bei „Epa", dass sich später „Kepa" nannte, in der Frankfurter Allee im Gardinenlagen beschäftigt. Ihr Gehalt von 80,-- Mark im Monat, von dem sie 40,-- Mark zu Hause abgab, reichte nicht hin und nicht her.

Unsere Verlobung hatten wir zu ihrem 22. Geburtstag am 27. November 1934 geplant. Nun kam überraschend der Tod unserer Mutter dazwischen. Aber Vater meinte, wir sollten uns dadurch nicht abhalten lassen, denn es wäre ja auch ihr Wunsch gewesen.

Inzwischen hatte der „Führerstaat" weitere Fortschritte gemacht. Röhm, als Führer der SA, der sich mißliebig gemacht hatte und Gregor Strasser, der sich im Gegensatz zu Hitler stellte, beide waren alte Parteigenossen, wurden liquidiert. Josef Goebbels, als Leiter des Propagandaministeriums, wußte, wie man die Volksmeinung lenken konnte. Verbrechen wurden hart bestraft und die, die dennoch begangen wurden, durften in den Zeitungen nicht erwähnt werden. Dem Volk wurden „Zuckerstangen" geboten.

Am 27. November 1933 wurde die Organisation „Kraft durch Freude", kurz KDF genannt, gegründet. Über diese konnte man billig verreisen. Sonderzüge mit 1000 Personen fuhren für 1 Pfennig/km in schöne Urlaubsgebiete. Die Quartierpreise waren vorgeschrieben. Die Arbeitslosigkeit verringerte sich immer mehr. Ein Volksauto sollte entwickelt werden mit einem luftgekühlten Motor, der direkt über der dadurch angetriebenen Hinterachse sitzen sollte. Der Preis sollte bei 1000,-- Mark liegen und Anzahlungen dafür konnten schon geleistet werden.

Wer all das Gebotene unvoreingenommen betrachtete, der konnte mit dem neuen Staat bis jetzt zufrieden sein. Die Parteien waren zerschlagen, es gab kein Parteiengezänk mehr und keine Straßenschlachten untereinander. Als neue Einheitsgewerkschaft wurde die „Deutsche Arbeitsfront", kurz DAF gegründet. Lange Schlangen standen vor den Lokalen, in denen Aufnahmeanträge entgegengenommen wurden. Das Volk hatte im Allgemeinen an der neuen kraftvollen Regierung nichts auszusetzen, den man sah, daß es wieder aufwärts ging. Am 16. März 1935, wir feierten gerade unser jährliches Eisbeinessen im Lokal Kiekhöfer in der Eisenbahnstraße, verkündete Goebbels am Abend die Einführung der „Allgemeinen Wehrpflicht". Hitler ignorierte anschließend sämtliche Proteste der ehemaligen Siegerstaaten.

Im Sommer desselben Jahres machte ich mir Gedanken über meine berufliche Zukunft. Zwei Jahre hatte ich nun schon wieder Arbeit und sie war teilweise recht schmutzig. Ich überlegte mir, daß eine vorübergehende Anstrengung von vielleicht drei Jahren, mir eine gehobenere Stellung und damit auch einen höheren Lohn einbringen würde.

In der Naglerstraße, hinter der Oberbaumbrücke, befand sich in einer Schule eine Nebenabteilung der Beuthschule. Hier wurden in fünf Semestern Techniker in Abendkursen ausgebildet. Zu Beginn eines neuen Semesters im Herbst 1935 meldete ich mich zu dem Werkmeisterkursus an und hatte nun von 17:30 Uhr bis 21:30 Uhr von Montag bis Freitag zur Abendschule zu gehen. In der wenigen freien Zeit waren Hausaufgaben zu machen, und Erni wollte ja auch mal mit mir spazieren gehen.

Dazu hatte sich nach langer Zeit der Kreuzberger SA-Sturm gemeldet und die Sturmabende sollten auch nicht versäumt werden. Nach dem Unterricht ging ich also noch zu den Sturmabenden und an den Wochenenden fanden öfter Ausmärsche statt. Im Sommer 1936 beantragte ich meinen Austritt wegen der übergroßen Belastung, auch auf eindringliches Zureden von Erni. Ich war gleichzeitig froh, einen plausiblen Grund gehabt zu haben, dort nicht mehr mitmachen zu müssen.

Unseren Hochzeitstag hatten wir festgelegt. Ernie, mit vorausschauender Überlegung ausgestattet, hatte dafür Sonnabend den 2. Mai 1936 vorgeschlagen. Der 1. Mai war nationaler Feiertag, also arbeitsfrei, und so hätten wir drei freie Tage hintereinander. Die Wohnungsfrage war schwierig, aber gelöst. Die Schwägerin unseres Freundes Walter Barz wohnte in der Liegnitzer Straße 2, und sagte uns, daß im dritten Stock im Vorderhaus eine Wohnung im April frei würde, weil die bisherigen Wohnungsinhaber in Mahlsdorf gebaut hätten.

Wir bekamen die Wohnung. Sie war hell und sonnig, bestand allerdings nur aus Stube und Küche. Auf einem Flur wohnten zwei Mietparteien und die beiden Wohnungen waren durch eine Korridortür getrennt. Wir hatten davon die vordere Wohnung. Die Toilette lag eine halbe Treppe tiefer und wurde von vier Mietparteien benutzt. Heute bezeichnet man diese Art von Wohnungen als Bruchbude. Uns aber machte das alles nichts aus, denn die Miete betrug nur 32,-- Mark, und wir waren froh, überhaupt eine Wohnung gekommen zu haben, denn bei einem wöchentlichen Nettolohn von 36,-- Mark konnten wir uns einfach nicht mehr leisten.

Erni hatte von ihrem bißchen Gehalt soviel gespart, daß wir uns für 700,-- Mark ein Schlafzimmer sowie für weitere 400,-- Mark eine Couch, einen Wohnzimmers-Ausziehtisch, dazu vier Stühle und eine Kücheneinrichtung kaufen konnten. Ich hatte 500,-- Mark auf dem Sparbuch.

Den ganzen April über hatten wir Zeit, unsere gemeinsame Wohnung zu renovieren und einzurichten. Ich bestellte eine Hochzeitskutsche mit zwei Apfelschimmeln und lieh mir aus einem Frackverleih einen Frack mit Zylinder. Erni hatte ein weißes Hochzeitskleid mit Kranz und Schleier. Diese Kosten, sowie die der Getränke bei der nachfolgenden Hochzeitsfeier, mußten vom Bräutigam übernommen werden, während die übrigen Auslagen der Feier die Schwiegereltern bezahlen mußten. Das galt damals als überliefertes ungeschriebenes Gesetz.

Die standesamtliche Trauung fand am Vormittag in der Köpenicker Straße 2 statt. Trauzeugen waren beide Väter. Schiegermutter hatte anschließend ein kleines Sektfrühstück in ihrer Wohnung in der Oppelner Straße vorbereitet. Vom Grammophon her ertönte: „Still wie die Nacht und tief wie das Meer, soll deine Liebe sein". Es war sehr feierlich.

Um 14:00 Uhr war die kirchliche Trauung in der Emmauskirche angesetzt. Von der Waldemarstraße nahm ich mir eine Taxe, um im Frack und Zylinder meine Braut abzuholen. In der Wohnung der Schiegereltern wurden die letzten Handgriffe getan, um die Braut für das große Ereignis herzurichten. Es war normalerweise üblich, daß der Bräutigam seine Braut erst in ihrem vollständigen Hochzeitsstaat sehen durfte. Als ich in das Zimmer trat, stand eine königliche Braut vor mir. Die Hochzeitskrone im Haar, der lange weiße Schleider, und den Brautstrauß aus weißem, hängendem Flieder, so konnte ich sie begrüßen.

Ich bot ihr den Arm, und wir schritten die Treppe hinunter. Wohnungsnachbarn hatten von der Haustür zu der wartenden Kutsche über den breiten Bürgersteig einen Läufer gelegt, der den roten Teppich ersetzen sollte.

Ich half meiner Braut in den Wagen, was wegen der langen Schleppe gar nicht so einfach war und nahm dann selber neben ihr Platz. Es dauerte aber noch eine ganze Weile, bis wir endlich losfuhren. Später hörten wir folgendes: Der Brautdiener hatte gerade hinter der Kusche seinen Stehplatz eingenommen und der Kutscher zog die Leine an und sagte „hüh!", da riss diese. Die Umstehenden sahen sich bedeutsam an: „Das bringt kein Glück, wenn auf dem Weg zur Kirche schon etwas entzwei geht."

Wir hielten an der Emmauskriche vor der großen Freitreppe, die Glocken läuteten, wir stiegen feierlich die Treppen empor, der Brautdiener mit goldbetreßter Uniform und Zylinder trug die Schleppe. Unter Orgelklang schritten wir durch die Kirche, um vorn am Altar auf den beiden Stühlen Platz zu nehmen. Unser Diakon Glasow hatte es sich nicht nehmen lassen, die beiden großen Kerzenkandelaber links und rechts neben dem Altar anzuzünden, was sonst als Extrakosten berechnet wurde. Pfarrer Freybe, der mich nun schon seit 13 Jahren kannte, hielt die Trauansprache und segnete uns mit dem Trauspruch: „Sei getreu bis an den Tod, so will ich die die Krone des Lebens geben." Der Posaunenchor blies von der Orgelempore herunter: „Der Herr ist mein Hirt, mir wird nichts mangeln …" Unser Posaunist Seppl Grieger war direkt von seiner Arbeitsstelle in Klempnerkluft gekommen, um uns die Ehre anzutun.

Dann stiegen wir wieder in die Kutsche und diese fuhr uns zu der anschließenden Hochzeitsfeier in das Restaurant „Taboreck" in der Tabor- Ecke Wrangelstraße. Dort hatte Schwiegervater ein Vereinszimmer bestellt, in dem sich außer uns noch 19 Hochzeitsgäste zum Kaffee und zum Hochzeitsmahl versammelten. Ein Klavierspieler und ein Geiger spielten zum Tanz auf. Weit nach Mitternacht brauchte uns ein Taxi mit den vielen, vielen Blumen in unsere neue Wohnung in der Liegnitzer Straße 2.

Ehejahre und dunkle politische Wolken

Es begannen nun zwar die sogenannten Flitterwochen, aber davon konnte bei uns keine Rede sein. Nach der Arbeit bei DTW ging ich in die Nagleratstraße zu meinem Werkmeisterlehrgang. Oft arbeitete ich anschließend zu Hause an den in der Schule aufgegebenen Arbeiten. Erni hörte auf zu arbeiten und wußte mit ihrer vielen neuen freien Zeit nichts anzufangen. Aber Schwiegervater vertrat die Ansicht, heiraten soll man erst, wenn man eine Familie ernähren kann. Sonnabends machte sie öfter Aushilfe und freute sich, wenn sie eine Urlaubsvertretung übernehmen konnte. Erst im Juni 1938 fing sie im Anschluß an solch eine Vertretung wieder fest bei ihrer alten Firma „Kepa" in der Hermannstraße an, und bekam gleich als Lagererste das Gardinenlager.

Unsere sogenannte Hochzeitsreise machten wir im August 1936. Wir meldeten uns für eine KdF-Reise in den Harz an, die eine Woche dauerte. Es waren schöne Tage, und wir erwanderten jeden Tag neue Sehenswürdigkeiten, die meistenteils heute jenseits der Grenze liegen, die unser geteiltes Deutschland durchzieht. Hitler hatte inzwischen seinen „Führerstaat" fest in der Hand. Nachdem am 2. August 1934 Hindenburg 87-jährig gestorben war und das Amt des Reichspräsidenten neu besetzt werden mußte, übernahm er auch diesen Posten.

Nach amerikanischem Vorbild wurde der Bau der Autobahnen weiter vorangetrieben und das Projekt des Volkswagens nahm greifbare Formen an. Das Wichtigste aber war, daß Hitler zum Volk sprechen wollte und dieses ihn auch überall hören sollte. So ging der „Volksempfänger" in die Massenproduktion, und auch wir schafften uns einen solchen an, für den wir damals 87,-- Mark bezahlten.

Ständig wurden öffentliche Sammlungen veranstaltet. Alle vier Wochen gab es einen „Eintopfsonntag". Statt des üblichen Sonntagsbratens sollte ein gewöhnlicher Eintopf auf den Tisch kommen, und das dabei gesparte Geld wurde von Hausobleuten mit einer Sammelliste kassiert.

Außenpolitisch machte Hitler „vabanque-Spiele", aber er gewann dabei stets, und Deutschland hatte dabei jedes Mal neue Vorteile. Die Beseitigung der Versailler Bestimmungen war sein oberstes Ziel. Nachdem seine Abrüstungsvorschläge abgelehnt wurden, trat er im Oktober 1933 demonstrativ aus dem Völkerbund aus und machte im Januar 1934 einen Freundschaftsvertrag mit Polen. Im Januar 1935 holte er durch eine Volksabstimmung das Saargebiet ins Reich zurück, und im März 1936 ließ er deutsche Truppen in die entmilitarisierte Reinlandzone einmarschieren.

Das alles ließen die ehemaligen Siegermächte widerstandslos geschehen. Als er nun auch noch im Sommer 1936 die 11. Olympischen Spiele nach Berlin holen konnte, geriet er in einen echten Siegestaumel. Er strotzte nur so von Überheblichkeit, wenn er bei den meisten seiner Reden begann: „Als ich im Januar 1933 in Deutschland die Macht übernahm, da …"

Die Olympischen Spiele sollten der Welt das „Neue Deutschland" unter nationalsozialistischer Herrschaft zeigen. Ein riesiges neues Stadion wurde an der Heerstraße gebaut. Unter den Linden wurden weiße hölzerne Pylonen aufgestellt, von denen die Fahnen aller teilnehmenden Nationen wehten. Hitler fuhr diese Prachtstraße im offenen Wagen ab und ließ sich von der Menge umjubeln.

Als er im September in seiner Rundfunkansprache ausrief: „Gebt mir vier Jahre Zeit" und dem Volk gleichzeitig „Kanonen statt Butter" versprach, da wußten zuerst nur Eingeweihte und Kenner der politischen Lage, daß Hitler auf einen Krieg zusteuerte. Der Bürgerkrieg in Spanien von 1936 bis 1939 war für ihn ein willkommener Anlaß, innerhalb eines sogenannten „Freiwilligenheeres" die heimlich gebauten neuen deutschen Waffen auszuprobieren.

Familiär ist während dieser Zeit hervorzuheben, daß Vater zur Einsegnung von Schwager Fritz im März 1936 eine Frau Janowski kennenlernte. Sie war ledig, hatte aber einen Sohn Max, der Tischler gelernt hatte. Beide heirateten im Juli 1936.

Unsere junge Ehe verlief ohne besondere Ereignisse. Ich ging weiter abends zur Schule und Erni wartete auf mich. Am 2. Mail hatten wir unseren ersten Hochzeitstag und auch den ersten Ärger mit Schwiegermutter Badziong. Wir machten an dem Tag einen Ausflug nach Ferch am Schwielowsee und fuhren mit dem Dampfer nach Potsdam zu den Schlössern. Damit hatten wir ins Fettnäpfchen getreten, denn sie erwartete, diesen Tag mit uns zu feiern und hatte dazu einen großen Rosenstrauß besorgt. Dieser wurde nun beleidigt wieder mit nach Hause genommen.

Ein schwerer Schlag war es für Ernie, als am 5. Mail ihr geliebter Großonkel Wilhelm Eckert aus Weißstein in Schlesien verstarb. Viele Monate ihrer Kindheit hatte sie dort unter der Obhut von Onkel Wilhelm und Tante Berta verbracht. Mit ihrer Mutter fuhr sie nach Weißstein, um an der Beerdigung teilzunehmen.

Aus meinem Werkmeisterlehrgang wollte ich schon jetzt Nutzen ziehen und sah in der Zeitung entsprechende Stellenangebote durch. Ich hatte Glück; Bamag-Meguin, eine größere Firma in Moabit in der Reuchlinstraße, suchte einen Mitarbeiter in der Abteilung „Gas-Straßenbeleuchtung", und ich wurde angenommen.

Ich kündigte bei DTW, hatte noch eine Woche Urlaub, in der wir eine Wanderung durch die Sächsische Schweiz machten, und konnte am 1. Juli 1937 meine neue Stellung antreten. Es war ein ganz neues Berufsgefühl. Ich arbeitete jetzt in einem Büro an einem Schreibtisch, der auch gleichzeitig Zeichentisch war, trug einen weißen Kittel und zeichnete Gaslampen, berechnete Drahtüberspannungen oder Tragarme, an denen die Lampen aufgehängt wurden, auf Festigkeit, bekam mit den Licht- und Beleuchtungswerten Lux und Lumen zu tun und ging weiterhin zur Schule.

Am 24. Februar 1938, nach zweieinhalbjähriger Anstrengung, bestand ich meine Abschlußprüfung als Werkmeister. Eine große Last war von mir genommen, aber der Grundstock für ein weiteres, besseres Fortkommen war damit gelegt.

Eine Tätigkeit in der Beleuchtungstechnik befriedigte mich nicht, weil sie etwas außerhalb meines erlernten Berufes lag, und so lugte ich nach weiteren Stellenangeboten aus und fand sie in einer Stellenanzeige von „Siemens-Apparate und Maschinen", die ihren Betrieb in Marienfelde hatte. Ich stellte mich vor und begann bei dieser Firma am 1. Juli 1938 meine neue Tätigkeit als Teilekonstrukteur. Damals wußte ich noch nicht, in welchen Glücktopf ich damit gegriffen hatte.

Ich war ohne mein Wissen in die Rüstungsindustrie geraten. Unter dem Tarnnamen „Apparate und Maschinen" wurden Rechner für Schiffs-Feuerleitanlagen für die Kriegsmarine entworfen und gebaut. Als erstes bekam ich sofort ein kleines Gerät auf einer großen Entwurfszeichnung zugeteilt, von der ich die Einzelzeichnungen für die Werkstatt anzufertigen hatte. Es machte mir großen Spaß. Als ich von einem Buch hörte, daß der Chef in seinem Büro hatte, das die Grundlagen der Feuerleittechnik behandelte, lieh ich mir das in jeder Mittagspause aus, um darin zu studieren. Das gefiel meinem Chef, da er daran mein Interesse sah, das auch wirklich vorhanden war. Mit der Tarifgruppe T2 war ich eingestellt worden, dafür gab es damals 273,-- Mark brutto. Ein knappes Jahr später war ich in T3 und 1944 in der Endstufe T4, welche mit einem Gehalt von 433,-- Mark begann.

Während dieser Zeit stieg ich auf zum selbständigen Konstrukteur und machte Entwürfe für Rädergetriebe, die im Team für die Rechnerkonstruktion gefertigt wurden. Diese Rechner, Kästen von 1,5 m Breite und 1 m Höhe, errechneten komplizierte Aufgaben mittels hochwertiger Zahnradgetriebe.

Über Differential-, Multiplikations- und Sinus-Cosinus-Getriebe wurden elektrische Geber angetrieben, die die eigegebenen Werte zu entsprechenden Empfängern leiteten, die an den Geschützen angebracht waren. Ein nachgeordneter Zeiger mußte nun von der Geschützbedienung durch Nachrehen in Deckung gebracht werden. Die gleiche Aufgabe führte heute ein Klein-Computer von der Größe einer Zigarrenkiste aus. Aber damals war das schon ein hoher Stand der Technik.

Im Jahre 1938 bestand zwischen Deutschland und der Türkei ein Freundschaftspakt. Zur Überwachung der Dardanellen bestellten diese einen Küstenrechner, der entworfen und auch gebaut wurde. Aber geliefert wurde er nicht, weil das politisch später nicht mehr tragbar war.

Nach dem Nichtangriffspakt mit Rußland erschien im Jahre 1940 eine russische Abordnung in unserer Firma, mit der Absicht einer Auftragsvergabe. Der schnelle politische Wechsel machte auch dies zunichte. Als dann der Krieg im Gange war, wurden für die verschiedenen Kriegsschiffe immer neue, verbesserte Rechner gebaut. Die Entwurfszeit für diese Geräte fiel von 18 Monate auf 9 Monate. Aber ehe die Konstruktion in die Werkstatt gehen konnte, war das Schiff entweder versenkt oder sie war von der Entwicklung schon überholt. In den sechs Jahren meiner dortigen Tätigkeit habe ich nur für den Papierkorb gearbeitet.

Der Glücksumstand, von dem ich schrieb, bestand darin, daß ich als Spezialist in einem kriegswichtigen Betrieb tätig war, aus dem mich erst die TK1-Aktion von Josef Goebbels im Oktober 1944 herausholte. TK1 war die Abkürzung für „Totaler Krieg", nachdem dieser im Sportpalast geschrien hatte: „Wollt ihr den totalen Krieg?" und die aufgepeitschte Menge rief: „Ja, wir wollen ihn!"

Aber vorläufig stand die Kriegsgefahr nur drohend im Hintergrund. Hitler verstand es durch Intrigen seinen alten Wunsch zu verwirklichen, Österreich Deutschland anzugliedern. Am 13. März 1938 marschierten die deutschen Truppen unter dem Jubel der österreichischen Bevölkerung in das Alpenland ein, das von nun an „Deutsche Ostmark" hieß. Dieser Jubel wich aber bald einer bitteren Erkenntnis, als die erste Liebe in jähen Haß umschlug.

Als dann ein Jahr später, im März 1939 der Einmarsch in die Tschechoslowakei erfolgte und das Protektorat „Böhmen und Mähren" errichtet wurde, dazu im April der Freundschaftsvertrag mit Polen gekündigt und ein Nichtangriffspakt mit Russland im August 1939 geschlossen wurde, waren für Hitler alle Voraussetzungen die zu einem Kriege führen mußten, erfüllt. Das konnten aber nur die voraussehen, die ihren politischen Weitblick bewahrt hatten.

Wir kleinen Bürger, von der Goebbelspresse entsprechend gelenkt und informiert, sahen in Hitlers Vorgehen, trotz seiner auch uns offenbaren menschlichen Schwächen, Deutschland immer mächtiger und größer werden und der Gedanke an einen Krieg lag uns bis jetzt noch fern, denn im Januar 1939 war das alles noch nicht so weit.

Wir haschten nach den kleinen Freuden des Lebens, die uns von unserem neuen Staat als Zuckerbrot gereicht wurden. Eine von diesen sollte eine von Siemenskollegen angeregte KdF-Fahrt am letzten Januarsonntag in das verschneite Erzgebirge, nach Aue, sein. Wir freuten uns darauf, machten Bruder Herbert mit Gretel, Schwester Hilla mit Freundin Elli mobil, und luden sie ein, daran teilzunehmen. Wir liehen uns einen Schlitten, gingen am Sonnabend davor zu Leiser, um für Erni ein Paar feste Wanderschuhe zu kaufen und am Abend früh schlafen, weil wir um 4:00 Uhr aufstehen wollten, denn um 6:12 Uhr sollte der Zug abfahren.

Ruhelos wälzten wir uns im Bett hin und her, der Schlaf wollte und wollte nicht kommen. Endlich, gegen 2:00 Uhr morgens fielen uns die Augen zu. Als wir erwachten und auf den Wecker sahen, stand der Zeiger auf 6:00 Uhr. Das Wecken hatten wir überhört und in wenigen Minuten würde der Zug ohne uns abfahren. Mit ihm unsere von uns alarmierte Verwandtschaft, während wir enttäuscht und verärgert auf den Ausflug in den verschneiten Wald verzichten mußten.

Die militärische Bereitschaft wurde nun auch auf das zivile Volk ausgeweitet. Überall hörte man, daß jemand zu einer Wehrmachtsübung eingezogen wurde. Zum 8. Mai 1939 bekam ich die Order, mich auf dem Fliegerhorst Neubrandenburg zu melden, um dort in der Fernsprechkompanie als Funker und Fernsprecher ausgebildet zu werden. Für drei Monate wurde ich dazu von meiner Firma freigestellt.

Ich kam auf eine Stube mit zehn Mann, ein Unteroffizier war dabei. An den Schränken steckten die Schilder mit unseren Namen. Vier Tage später wurden wir feierlich auf den Führer vereidigt. Anschließend wurde mit Lastkraftwagen ein Ausflug an den Tollensesee gemacht und abends gab es im Offizierskasino ein Festessen mit Schnitzel.

Um 5:00 Uhr an jedem Tag war Wecken. Wir lernten grüßen, exerzieren, übten Griffe am Karabiner, lernten das Morsealphabet und verlegten übungsweise Telefonleitungen. Eine Einsatzübung in Teterow schloß mit einem Manöverball ab. Fast an jedem Wochenende fuhr ich nach Berlin.

Als wir Anfang Juli zu einer angeblichen Übung nach Rügen fuhren, da ahnten wir doch schon etwas von den kommenden Ereignissen, denn die Telefonleitung, die wir von Stubbenkammer nach Bergen verlegten, schien uns doch etwas mehr als nur eine Übungsleitung zu sein. Unsere Feldwebel sprachen sogar ganz offen davon, daß sie sich auf einen Einmarsch in Polen freuten. Diese Freude war allerdings recht einseitig.

Am Sonnabend, dem 5. August konnte ich wieder nach Hause. Ich war von der Wehrübung entlassen und meldete mich am folgenden Montag wieder bei meiner Firma. Die Kriegsgefahr konnte man jetzt direkt riechen. Ich hatte noch zwölf Tage Urlaub, und den wollte ich so schnell wie möglich nehmen.

Neun Tage später saßen wir im Zug nach Saalfeld. Wir wollten eine Wanderung durch den Thüringer Wald machen. Mit dem Rucksack auf dem Rücken marschierten wir durch das Schwarzetal nach Schwarzburg, fuhren mit der Bahn nach Mellenbach und blieben dort zwei Tage, weil es uns da so gut gefiel. Eine kleine Sorge bereitete Erni. Morgens nach dem Aufstehen wurde ihr plötzlich übel und sie erbrach. Als wir über eine Wiese rannten, fiel sie plötzlich hin und sie wußte nicht warum, denn gestolpert war sie nicht. Als die Übelkeit sich wiederholte, und ihr gleich darauf immer wieder besser war, erkannten wir ihre „Krankheit". Wolfgang machte unsere Wanderung mit.

Jahrelang können die Muttergefühle in einer Frau schlummern, bis sie dann mit Urgewalt hervorbrechen. So hatte diese Sehnsucht nach einem Kind auch von Erni Besitz ergriffen und sie meinte nicht mehr leben zu können, wenn sie nicht ein Kind hätte. Keine Einwände von schlechten Zeiten und drohender Kriegsgefahr wurden akzeptiert. Da galt nur eins: Ich muß ein Kind haben! Nun war es also so weit, und wir setzten unsere Wanderung in „Guter Hoffnung" fort. Das heißt, nicht mehr lange, denn zwei

Tage später bezogen wir in Tambach-Dietharz ein Standquartier für die letzten sechs Tage, weil Erni sich schonen sollte.

Ein Besuch der Wartburg stand auf unserem Urlaubsprogramm, aber sie wäre nur mit einer Omnibusfahrt zu erreichen gewesen. Erni scheute sich davor, weil sie wieder Übelkeit befürchtete. So machte ich die Tour allein, und versprach ihr als Ersatz einen dicken Räucheraal, wenn wir wieder in Berlin wären. Dieses Versprechen konnte ich aber aus Gründen, für die ich nicht verantwortlich war, erst in sieben Jahren einlösen. Ich hatte es nicht vergessen, aber sie bekam den dicksten Aal, den ich hatte auftreiben können.

Am Sonntag, dem 27. August war die Heimreise geplant. Wir saßen mittags schon im Zug, als wir den Sohn unseres Quartierwirtes auf dem Bahnsteig bemerkten, der am Zug entlanglief und „Herr Kinder, Herr Kinder" rief. Er schwenkte ein Telegramm von Schwiegermutter, in dem zu lesen war: Sofort zurückkommen, Einberufung. Was konnte ich daraufhin tun? Abwarten, daß der Zug abfuhr.

In solchen unvorhergesehenen Augenblicken ist der Verstand meistens weggetreten. Der Einberufungsbefehl, der mich unverzüglich zum Hottengrund bei Kladow beorderte, hatte ein Datum, das drei Tage alt war. Auf ein bißchen mehr Verzug wäre es also nicht angekommen. Um 19:00 Uhr waren wir zu Hause. Unsere Hauswarts-Frau begrüßte uns mit der Überreichung von Lebensmittelkarten. Wie gesagt, von logischem Denken war keine Rede, also packte ich die nötigsten Sachen zusammen und verabschiedete mich von meiner weinenden Erni. Um 22:30 Uhr stand ich vor dem Posten der Kladower Kaserne. „Was willst Du denn jetzt in der Nacht hier?" fragte er erstaunt, „wo willst Du denn schlafen, es ist doch keiner da." Wie recht er hatte, sah ich jetzt erst ein. In einer Mannschaftsstube bekam ich in dreifach übereinander gestellten Betten das oberste Bett, dazu noch eine Decke und am anderen Morgen vom Spieß eine Standpauke. Damit hatte sich's.

Etwas Gutes hatte aber mein Zuspätkommen doch. Ich konnte meine Kameraden aus Neubrandenburg begrüßen, die alle schon feldmarschmäßig ausgerüstet auf den Abtransport warteten. Für mich hatte man vorläufig keine Verwendung, ich kam in die Ersatzkompanie. Während der folgenden Tage steigerten sich die Meldungen in den Zeitungen und in den Rundfunknachrichten, die von Übergriffen der Polen auf deutsches Gebiet berichteten, so daß bei uns, die wir die tatsächlichen Ereignisse nicht kontrollieren konnten, der Eindruck entstehen mußte: das kann sich Deutschland einfach nicht gefallen lassen. Wie konnten damals nicht wissen, daß dieses Nachrichten zum bewußten Aufputsch der Bevölkerung waren. Als dann am 1. September 1939 Hitler in seiner Rundfunkansprache von dem Überfall auf den Sender Gleiwitz berichtete und in das Mikrofon schrie: „Ab 5:45 Uhr wird zurückgeschossen", da wußten wir damals auch nicht, was wir heute wissen, nämlich, daß dieser Überfall von Hitlers SS in polnischen Uniformen provoziert worden war.

Wir erleben den Zweiten Weltkrieg

Nun war es also soweit. Hitler hatte seinen Krieg, auf den er jahrelang hingearbeitet hatte. Drei Tag lang verschlug es den Westmächten die Sprache. Am 3. September um 11 Uhr erfolgte die Kriegserklärung Englands, um 17:00 Uhr die von Frankreich. Aber der gedachte Zweifrontenkrieg fiel aus, weil der Überfall auf das unvorbereitete Polen zu Ende war, bevor die beiden neuen Feindstaaten überhaupt etwas in Bewegung setzen konnten. Von Rußland drohte keine Gefahr, denn dort galt der kurz zuvor mit Stalin abgeschlossene Nichtangriffspakt. Am 27. September ergab sich Warschau bedingungslos Hitler. Alle verfügbaren Truppen konnten jetzt gegen Frankreich mobilisiert werden.

Hitler sprach in seinen Ansprachen immer wieder von der Vorsehung, die ihn berufen hätte, und die ihn vor jeglichem Unheil bewahrte. Bisher konnte er damit zufrieden sein, denn als er am 8. November, nach seiner Rede vor der NSDAP den Bürgerbräukeller in München unvorhergesehener Weise früher verlies, explodierte unter dem Rednerpult kurze Zeit später eine Bombe. Diese verzögerte Explosion, die vielleicht einen Menschen getötet hätte, war der Grund dafür, daß im Laufe der nächsten Jahre Millionen von Menschen sterben mußten.

Am 9. September wurde ich mit einem zusammenge-stellten Trupp zum Fort Hahneberg abkommandiert, um dort eine Telefon-Vermittlungsstelle zu besetzen. Das Fort Hahneberg, nach dem Kriege geschleift, lag in der Nähe des heutigen Kontrollpunktes für die Transitstrecke nach Hamburg. Vier Tage hausten wir dort in den feuchten, kalten Kasematten, dann zogen wir um in die Hermann-Göring-Kaserne in Reinickendorf, die heute „Quartier Napoleon" heißt. Dort konnten wir unter besseren

Bedingungen unseren Vermittlungsdienst versehen. Von dort konnte ich in meinen Freistunden oft nach Hause.

Die größte Überraschung für mich, und natürlich die schönste auch für Erni war die Nachricht, die mich am 28. November auf meiner Dienststelle erreichte. Ich sollte mich am nächsten Tag in Kladow zu meiner Entlassung aus dem Wehrdienst melden. Die Firma Siemens hatte mich für die Rüstungsaufträge unserer Kriegsmarine reklamiert. Am 1. Dezember 1939 konnte ich wieder an meinen Arbeitsplatz zurückkehren.

Der Krieg mußte nun ohne mich weitergeführt werden, und wir konnten uns im kommenden Jahr auf das zu erwartende freudige Ereignis vorbereiten. Die Entbindung sollte zu Hause stattfinden, und wir hatten uns mit einer Hebamme in Verbindung gesetzt, die ein paar Häuser weiter von uns in der Liegnitzer Straße wohnte. Am 14. März sagte Erni zu mir: „Kurt, ich glaube es geht los, hole doch bitte die Hebamme." Es war 21:00 Uhr, ich machte mich auf den Weg und kam mit ihr zurück. Ich mußte einen großen Topf mit Wasser heiß machen und das war auch alles. Eine Öffnung, in der Größe eines 5-Mark Stückes war schon da, aber die Wehen gingen wieder zurück. Das freudige Ereignis fand nicht statt.

Pause bis zum 12. April. Wieder mußte die Hebamme kommen und wieder geschah nichts. Am 18. April ging Erni nochmal zum Arzt und der schickte sie in die Universitäts-Frauenklinik in der Artilleriestraße, wo sie am 22. und 29. Nochmals untersucht wurde. Am 30. April um 1:00 Uhr früh weckte mich Erni angstvoll: „Kurt, Kurt, wach auf, ich bin ganz naß. Ich glaube jetzt ist es wirklich so weit." Die Fruchtblase war geplatzt und ich mußte mit ihr schnellstens in die Klinik. Aber jetzt im Kriege ein Taxi zu bekommen war gar nicht so einfach. Man brauchte eine polizeiliche Dringlichkeitsbescheinigung. Ich mußte also auf die Polizei, ließ mir eine ausstellen und konnte Erni in der Universitäts-Frauenklink an der Weidendammer Brücke abliefern.

Bange Stunden mit vertröstenden Telefonanrufen vergingen. Endlich kam am Abend die erlösende Nachricht: „Um 20:00 Uhr sind Sie Vater eines strammen Jungen geworden." Nun, das war nicht weiter verwunderlich, war doch der „stramme Junge" seit den ersten Wehen vor sechs Wochen weiter gewachsen und wies bei der Geburt nun das stattliche Gewicht von 4630 Gramm auf, mit einer Länge von 59 cm. Die Geburt war deshalb auch ziemlich schwer und hatte einen Dammriß zur Folge, der genäht werden mußte. Das geschah am Dienstag. Am nächsten Tag erschien ich als glücklicher Vater in der Klinik, um mit einem Blumenstrauß der ebenso glücklichen Mutter zu gratulieren und den Kronsohn zu besichtigen.

Am Sonntag, dem 5. Mai 1940 um 11:00 Uhr wurde er in der Klinik auf den Namen Wolfgang getauft. Als zweiten Namen hatte sich Erni „Joachim" gewünscht und der dritte sollte noch Kurt sein. Cousine Erika, Schwägerin Gretel und Schwester Hilla waren die Taufpaten. Am Nachmittag zur Besuchszeit mußte Herbert der jungen Mutter Lebewohl sagen, denn für Montag hatte er seine Einberufung zur Wehrmacht bekommen. Am Sonntag dem 12. Mai konnte ich Mutter und Kind nach Hause holen. Von Herbert hatten wir ein Kinderbett von Klaus bekommen, so daß wir auch dieser Not behoben waren.

Von einem herzlichen Verhältnis muß hier einmal gesprochen werden. Nämlich das von Tante Johanna aus Brieselang zu uns bzw. vor allem zu Erni. Tante Johanna und Onkel Max, die, wie schon erwähnt, mit uns während des 1. Weltkrieges in der Fabrik wohnten, hatten sich Mitte der zwanziger Jahre in Brieselang bei Nauen ein Grundstück gekauft, das parzelliert und als Siedlungsgebiet ausgewiesen war. Um 1930 starb die Mutter von Onkel

Max in Danzig und er erbte so viel, daß er sich ein Zweifamilienhaus darauf errichten konnte.

Während wir schon damals mit unser beider Eltern dort waren, ergab es sich, daß Tante Johanna uns nach unserer Hochzeit besonders ins Herz schloß, und wir sehr oft sonntags bei ihnen verweilten. Immer stand dann auch ein riesiger dampfender Eintopf auf dem Tisch, mit dem wir unsere während des Krieges immer hungrigen Mägen füllen konnten. So war es nur zu verständlich, daß wir uns am 9. Juni dort als „Familie" vorstellten. Die Freude darüber war so groß, daß Tante Johanna Erni mit ihrem Baby einlud, doch 14 Tag in ihrem ruhigen Brieslang zu verbringen. Dankend wurde dieses angenommen und am 6. Juli brachte ich beide dorthin, um sie dann zwei Wochen später wieder abzuholen. Am Donnerstag darauf gingen beide noch einmal auf große Reise, diesmal zu ihrer geliebten Tante Berta nach Weißstein. Drei Wochen später fuhr ich nach, um mit ihnen zusammen 14 Tage meines Urlaubs mit ihnen zu verbringen, und am 25. August waren wir alle wieder in Berlin.

Der Krieg gegen Frankreich war inzwischen siegreich beendet und am 25. Juni durch den Waffenstillstand beurkundet. Hitler hatte sich dafür etwas besonders Makabres einfallen lassen. In demselben Salonwagen und am selben Ort im Wald von Compiègne, wo Deutschland den Waffenstillstand im Jahre 1918 unterzeichnen mußte, sollte sich diesmal Frankreich als besiegt erklären. Italien war seit dem 10. Juni 1940 im Bunde mit Deutschland, nachdem Mussolini England und Frankreich den Krieg erklärt hatte. Frontstadt wurde Berlin, als am 26. August zum ersten Mal die feindlichen Fliegergeschwader über Berlin erschienen. Die ersten Sprengbomben trafen das Eckhaus Kottbuser-Ecke Mariannenstraße. Viele Menschen pilgerten dorthin, um sich dieses ungewohnte Schaustück anzusehen. Sie wußten nicht, daß sie von dem Tag ab bis Mitte Dezember fast jede Nacht, manchmal bis zu fünf Stunden, im Keller verbringen mußten. 56 Alarme hatten wir im Jahr 1940 zu ertragen. Am 4. September 1940 verkündete Hitler in einer großen Rede die Eröffnung des Winterhilfswerkes. Älteren und ärmeren Mitbürgern sollte durch diese öffentliche Sammlung geholfen werden.

Bruder Herbert hatte sich im Laufe dieses Jahres in Neuvenedig bei Rahnsdorf ein Wassergrundstück gekauft, das urbar gemacht werden mußte, und worauf er sich ein kleines Wochenendhäuschen bauen wollte. Dabei half ich ihm öfter, wenn er auf Urlaub vom Militär zu Hause war.

Wolfgang gedieh inzwischen prächtig. Er war Omas Engelchen, und sie fuhr gern mit ihm aus. Am 11. März 1941 war er soweit, daß er die ersten Schritte allein machen konnte. Berlin war aber in dieser Zeit ein recht unsicherer Ort für unsere junge Familie, weil es im März 1941 wieder mit zwei langen Fliegeralarmen von fünf und sechs Stunden losging. Deshalb freute ich mich, daß ich Erni und Wolfgang Anfang April wieder zu Tante Berta nach Schlesien schicken konnte, wo sie noch verhältnismäßig sicher waren. Trotzdem waren die Angriffe auf Berlin gegenüber später noch verhältnismäßig harmlos, denn im April und Mai gab es nur je vier Alarme. Nach einer großen Pause mußten wir im August wieder zehnmal in den Luftschutzkeller und für den Rest des Jahres noch achtmal.

In bin immer schon gern mit dem Fahrrad gefahren und hatte nun vor, als Überraschung für meine Familie, mit diesem nach Waldenburg zu fahren. Die zurückzulegende Strecke betrug 330 km. Hitler hatte bestimmt, daß Himmelfahrt in diesem Jahr 1941 auf den folgenden Sonntag verlagert werden sollte, so wie es schon im vorigen Jahr mit dem Bußtag geschehen war. Ich hatte mir Urlaub genommen und meine Fahrt auf diesen Tag festgelegt. Es war schwer, jetzt im Krieg, Straßenkarten zu bekommen, doch ich hatte Glück und konnte noch einen Ladenhüter erwerben.

Am diesem 25. Mai 1941 fuhr ich die ersten 100 km bis hinter Cottbus, übernachtete bei einem Bauern, startete am nächsten Morgen weiter nach Muskau und besichtigte dort den Schloßpark und das Schloß des Fürsten von Pückler. Ein Blick auf die Karte ergab, daß das Dorf Gruß-Särchen auf meiner Reiseroute lag. Hier amtierte ein Pfarrer Schmidt, der Konfirmator von Erni aus der Taborkirche, der jetzt dort tätig war. Erni hatte diesen Mann in einer Art Jungmädchenliebe ins Herz geschlossen, und mich kannte er auch. Als ich gegen 11:00 Uhr dort eintraf, war er mit seinen beiden Söhnen beim Kartoffellegen. Trotzdem freute er sich, Besuch aus seiner alten Gemeinde wiederzusehen und bot mir einen selbstgebrauten, warmen Kartoffelschnaps an, der fürchterlich schmeckte. Ich mußte zum Mittagessen bleiben, dessen Zubereitung, Kotelett mit Spargel, sich leider ziemlich lange hinzog.

Nach 13:00 Uhr ging meine Fahrt weiter in Richtung Burzlau. In Looswitz, einem Vorort von Bunzlau, wohnte eine Familie Rahn, die wir bei Tante Berta kennengelernt hatten. Meta Eckert, eine Schwägerin von Schwiegermutter, war nach ihrer gescheiterten Ehe seit langem bei diesen als Haushälterin tätig. Der Tag war heiß, und ich kam bei einbrechender Dunkelheit ziemlich erschöpft dort an. Meta machte mir ein Abendbrot zurecht und dazu einen Kanne Tee, die ich aber bald leergetrunken hatte, weil ich so ausgedurstet war. Sie brühte eine neue Kanne auf, und nun war mein Durst gestillt. Ich kam mir vor, wie ein Kamel, das nach langer Wüstenreise endlich ein Wasserloch gefunden hatte.

Ich durfte am nächsten Tag nicht weiterfahren, ich sollte unbedingt einen Ruhetag einlegen. Diesen benutzte ich dazu, um mir Bunzlau anzusehen. Am Mittwoch verabschiedete ich mich von meinen Quartiersleuten, die mich so treu umsorgt hatten und fuhr weiter über Goldberg, Hauer, Hohenfriedberg nach Bad Brunn und von dort weiter nach Weißstein. Die Überraschung, aber auch die Freude war groß, als ich gegen 13:00 Uhr bei meiner Familie auftauchte. Tante Berta konnte daran leider nicht teilnehmen, sie lag mit einem Oberschenkelhalsbruch im Knappschaftslazarett.

Drei schöne Urlaubswochen verbrachte ich dort bei meiner Familie, ohne Bombenlärm. Für Wolfgang hatte ich einen Kindersitz, den ich über die Lenkstange hin, so daß er vor mir auf dem Rad sitzen konnte. Wir machten Radfahrten zusammen, stiegen auf den Hochwald, den Hausberg des Ortes, um von oben abwärts zu radeln, ohne einmal die Pedale treten u müssen. Von einer Heimfahrt mit dem Fahrrad riet mir Erni aber ab, deshalb setzte ich mit am 15. Juni in den Eilzug nach Berlin und kam ohne weitere Kraftanstrengung zu Hause an.

Im September 1941 erzählte ein Kollege mit Namen Walter Lutze, daß in Britz in der Nähe des Neuköllner Krankenhauses, eine Dauer-Kleingartenanlage errichtet würde, und er sich dort am letzten Sonntag eine Parzelle gepachtet hätte. Wir hatten schon längere Zeit nach einem Laubengrundstück Ausschau gehalten und so nutzten wir die Gelegenheit und fuhren am 21. September dorthin, weil an diesem Sonntag weitere Parzellen verpachtet werden sollten. Schwager Fritz, der auch daran Interesse hatte, kam mit Schwiegervater mit, denn mit seinen 20 Jahren war er damals noch nicht volljährig. Wir bekamen beide je ein Eckgrundstück (Weinrebenweg 13), die mit den Stirnseiten aneinanderstießen und waren nun im Besitz von einem Stück Wiese, das erst zu einem Garten umgewandelt werden sollte.

Als erstes wurde ein kleiner Geräteschuppen errichtet, in dem die neu angeschafften Gartengeräte untergebracht wurden. Dann ging es an das Umgraben des Wiesenbodens. Der Gartenplan war vorgeschrieben und ein Gartenhäuschen aus Stein mußte bis ein Jahr nach dem Endsieg errichtet sein. Wir kauften Obstbäume, gruben große Löcher dafür und pflanzten sie ein. Vater, der inzwischen in einer Pumpenfabrik in der Mühlenstraße arbeitete, besorgte uns eine Pumpe und einen Sauger, und so hatten wir vorläufig Wasser, denn später sollte eine Wasserleitung gelegt werden. Das war uns versprochen worden.

Der Krieg wütete inzwischen weiter. Die deutschen Truppen drangen nach allen Richtungen vor. Im April 1940 war schon Dänemark und Norwegen besetzt worden. Im Uni war Narvik in deutscher Hand. Am 14. Mai 1940 hatten die holländische und 14 Tage später die belgische Armee kapituliert. Seit dem 26.6.1940 war Waffenruhe in Frankreich. Jugoslawien wurde im April 1941 überrannt und am 2. Juni Kreta besetzt. Mir war manchmal unheimlich zumute, wenn ich die täglichen Erfolgsmeldungen im Radio hörte. Wie konnte ein Volk, beinahe ungehindert, in einem Jahr halb Europa besetzten? Wo kamen die vielen Soldaten her, die dazu nötig waren? Wie konnte der Nachschub in solchem Ausmaß organisiert werden?

Hitler befand sich in einem Siegestaumel, der keine Grenzen mehr kannte. Er meinte Napoleon übertreffen zu müssen, und sein Blick ging nach Rußland. Der zwei Jahre zuvor geschlossene Nichtangriffspakt war für ihn von untergeordneter Bedeutung. Am 22. Juni 1941 brachen deutsche Panzer und Flugzeuge in sowjetisches Gebiet ein. Genau wie in Polen, gelang auch hier der Überraschungsangriff auf das unvorbereitete Land. Am 10. Juli 1941 wurde der Gegner in der großen Doppelschlacht von Bialystok und Minsk vernichtet und die deutschen Truppen drangen bis zum Schwarzen Meer vor, um auf dem Elbrus die Hakenkreuzfahne zu hissen.

Der Winter verging und der Frühling kam und mit ihm begann die Arbeit in dem neuen Kleingarten. Das Haus sollte schon in diesem Jahr 1942 gebaut werden. Unser Nachbar Puskowski war Maurer und besorgte die Steine. Schwager Fritz hatte bei seiner Firma Gaubschat, bei der er als Betriebstischler tätig war, einen Maurerkollegen, der uns die Wände mauern wollte. Das Fundament hatte ich schon selber aus Beton gestampft. Erni half wie ein Mann, besorgte Zement, schleppte Kies, fuhr auf dem Handwagen Bretter ran. Am 13. Juni wurden die ersten Steine übereinandergeschichtet und am 18 Juni war schon alles so weit, daß der Dachstuhl angefangen werden konnte. Ich zimmerte diesen selber, Vater half bei der Verschalung und am 7. Juli, als der letzte Arbeitsgang, die Dachpappe, aufgebraucht war, stand das Haus im Rohbau fertig da.

Erni war inzwischen mit Wolfgang wieder in Weißstein und am 9. Juli fuhr ich zu ihnen. Herbert, der bei der Partisanenbekämpfung in Rußland verwundet worden war, wurde nach seiner Ausheilung als Zugbegleiter für die Wehrmacht eingesetzt. Zu seiner Aufgabe gehörte es, in den Zügen die reisenden Wehrmachtsangehörigen zu kontrollieren. Zu dieser Zeit fuhr er die Strecke nach Schlesien, und ich konnte mit ihm im Dienstabteil reisen.

In Berlin war zu dieser Zeit kein Gips aufzutreiben, der für den Innenputz gebraucht wurde, aber in Waldenburg konnte ich einen Sack bekommen. Ich war froh darüber, wenn ich auch noch nicht wußte, wie ich ihn nach Berlin schaffen sollte. Aber einen Tag vor meiner Rückreise brachte ich den Sack zum Bahnhof Waldenburg, und am nächsten Tag verstaute ich ihn im Gepäcknetz des Abteils. Es ist mir noch heute rätselhaft, wie ich das damals alles allein geschafft habe.

Nun konnte der Innenputz angefangen werden. Vier Fenster hatte ich bekommen, Herbert hatte mittels seiner Uniform für Türen gesorgt. Nur Fußbodenbretter fehlten noch, und ich brauchte 25 qm. Bei Bendix in der Andreasstraße gab es welche, aber immer nur ein paar Stück. Also immer wieder hin, Vater half auch und dann hatten wir den Fußboden. Es war schon Oktober, als wir sagen konnten, nun ist das Haus fertig, und wer will es uns verdenken, wenn wir diese Gelegenheit benutzten, um das erste Mal dort zu übernachten. Zwei gestopfte Strohsäcke warm angezogen und mit Decken zugedeckt, schliefen wir die erste Nach im neuen eigenen Haus.

Von Fliegeralarm bleiben wir in diesem Jahr 1942 fast verschont. Im ganzen Jahr brachten wir nur achtmal in den Luftschutzkeller. Aber am Ende des Jahres war es auch zu Ende mit Hitlers Siegeszug in Europa und Nordafrika. Am 19. November begann die große Schlacht um Stalingrad, die am 2. Februar 1943 mit der Vernichtung der deutschen 6. Armee endete. Der Abstieg begann. Für uns in Deutschland begann dafür ein neuer Bombenterror, der sich hauptsächlich auf Berlin konzentrierte und wie im Vorjahr am 16. Januar anfing. 79 Mal hatten wir in diesem Jahr 1943 den Bombenregen zu ertragen, doch das ganz Schlimme hatten wir noch vor uns.

Mit den ersten wärmenden Sonnenstrahlen zogen wir mit Sack und Pack los, um den Sommer auf unserem neuen Grundstück zu verbringen. Einen Luftschutzbunker hatten wir zwar in der Nähe, aber ich grub mir in unserem Garten einen eigenen und deckte ihn mit Rundholz und Dachpappe ab. Während der Alarme saßen wir nun in unserem neuen Verließ und zitterten, daß alles gnädig vorüber ging. Trotzdem in der Nähe mache Laube durch Bomben zerstört wurde oder durch Brandbomben ausbrannte, hatten wir dennoch verhältnismäßig Glück. Es gingen zwar Fensterscheiben zu Bruch und ein

Dachsparren zerbrach durch den Luftdruck der Bomben, aber den Bombenkrieg überstanden wir ohne persönliche Schäden.

Eines Tages fanden wir nach einem Bombenangriff unzählige Stanniolstreifen in unserem Garten, was sich später immer wiederholte. Dann hörten wir, daß diese die Flugzeuge abwarfen, um die Radarortung unwirksam zu machen. Ein schaurig-schönes Schauspiel waren diese „Weihnachtsbäume", die jedes Mal bei einem Luftangriff in der Luft standen. Diese waren Zeichen, die von Lotsenflugzeugen gesetzt wurden, um den nachfolgenden Bombenflugzeugen das Gebiet abzugrenzen, in dem die Bombenteppiche abgeworfen werden sollten. Im Verlaufe der ständigen Angriffe wurden die Bomben immer größer. Zuletzt hörte man von 35-Zentnerbomben, die die Größe einer Litfaßsäule hatten, wobei manchmal zwei von ihnen aneinander gekettet wurden. Wie oft hörten wir das Heulen der niedersausenden Bomben, das dann in einem ohrenbetäubenden Krachen endete. Hinterher sahen wir die zerstörten, brennenden Wohnhäuser, die von Mal zu Mal mehr wurden.

Siemens sowie auch viel andere Firmen hatten einen Luftschutz eingerichtet. Eine bestimmte Anzahl von Betriebsangehörigen mußte täglich nach Dienstschluß bis zum anderen Morgen die Wache übernehmen. Auf einem Klappbett konnte man im Büro schlafen, bei Alarm wurden die Fenster geöffnet, deren Scheiben sowieso meistens nur aus Pappe bestanden. Eines Sonntags, ich hatte den Luftschutz mit einem Kollegen auf dessen Wunsch getauscht, kam gegen 10:30 Luftalarm. Ich blickte noch aus dem Flugfenster in Richtung Schöneweide, als ich das Bombengeschwader ankommen sah. Ihre „Weihnachtsbäume" standen über unserer Fabrik. Kaum im Keller angekommen, krachten auch schon die Bomben herab, daß das Haus in seinen Grundmauern erzitterte. Eine Bombe drückte die Kellerwand ein, denn sie fiel dicht neben unser Bürogebäude. Es hat dabei Tote gegeben. In unseren Werkstätten sah es hinterher furchtbar aus. Acht Bomben hatten das Firmengelände getroffen und die kostbaren Maschinen zerstört. Trotzdem ging die Arbeit weiter.

Ein Teil unserer Konstruktion war schon nach Werdau in der Nähe von Zwickau evakuiert worden, um dem Bombenterror zu entgehen. Auch sonst wurde viel getan, um die Kriegsindustrie zu schützen. Betriebe wurden in Bergwerke verlagert und hier in Berlin wurde die damalige Endstation der U-Bahn Grenzallee zu einem Ausweichbetrieb umfunktioniert. Erstaunt bemerkten wir, als im Sommer 1944 Bauarbeiter anfingen eine Betonmauer um unser noch erhaltenes Bürogebäude hochzuziehen. Der ganze sechsstöckige Bau wurde eingebunkert.

Erni war Anfang des Jahres 1944 mit Wolfgang wieder nach Weißstein zu ihrer Tante Berta gefahren. Wir hatten fast jede Nacht für mehrere Stunden Alarm. Der Junge mußte jedes Mal geweckt werden und mit unseren notwendigsten Habseligkeiten versehen, warteten wir im Keller auf das langgezogene Entwarnungssignal. Nach wenigen Stunden Schlaf klingelte wieder der Wecker, um auf den Weg zur Arbeit aufmerksam zu machen. Es war uns nichts ungewohntes mehr, dieser wenige Schlaf.

Für die Eisenbahn gab es die sogenannten Arbeiterrückfahrkarten. Dazu mußte man am Schalter eine Berechtigungsbescheinigung vorweisen. Diese wurde abgestempelt und man bekam darauf einmal im Monat eine Fahrkarte zum halben Fahrpreis. Ich hatte mir zwei solche Berechtigungen besorgt und konnte nun alle 14 Tage zu meiner Familie nach Waldenburg fahren. Sonnabendmittag nach Dienstschluß raste ich zum Görlitzer Bahnhof und war meistens erst spät abends in Weißstein. Am Sonntag gegen Mitternacht saß ich wieder im Zug nach Berlin. Wegen der späteren Abfahrtszeit nahm ich diesen, der über Liegnitz und Grünberg zum Schlesischen Bahnhof fuhr. Von Sitzen konnte aber meist keine Rede sein, denn der Zug war fast immer so überfüllt, daß man dicht an dicht im Gang oder an den Eingangstüren stand und kaum Luft bekam. In Liegnitz mußte umgestiegen werden, was meist mit einem Aufenthalt bis zu zwei Stunden verbunden war. Fast ohne Schlaf stand ich am nächsten Morgen wieder an meinem Reißbrett.

Erni wollte trotzdem wieder nach Hause. Kinder bis zu vier Jahren hatten auf der Eisenbahn freie Fahrt. Bei Wolfgang war es am 30.4. soweit, und so gedachte sie am 29.4 zu fahren. Zwei Kartons mit je einem lebenden Kaninchen hatte sie bei sich, die für unsere Ernährung gedacht waren. Vor Hirschberg kam der Schaffner: „Die Fahrkarten bitte." Erni reichte ihm diese „Und die von dem Jungen?" – „Der braucht noch keine, der ist noch keine vier Jahre." – „Das können Sie mir nicht erzählen, daß solch ein großer Junge noch keine vier Jahre sein soll." In diesem Moment fuhren sie in den Bahnhof von Hirschberg ein. „Sieh mal Mutti, da ist eine Uhr", sagte Wolfgang und zeigte auf die große Bahnhofsuhr, „es ist 11:00 Uhr." – „So, der Junge kennt schon die Uhr, und Sie sagen, der wäre noch keine vier Jahre." „Es stimmt aber," sagte Erni und zeigte dem Schaffner das Stammbuch, „morgen wird er vier Jahre". „Und ich soll glauben, daß das derselbe Junge ist? Wie heißt du denn, mein Junge", fragte er. „Wolfgang Kinder", sagte der. Mit ungläubigem Kopfschütteln ging er davon. Als der Schaffner weg war, fragten die Mitreisenden: „Stimmt es wirklich, daß der Junge noch keine vier Jahre alt ist?" „Ja", sagte Erni, „es stimmt wirklich."

Wohin aber nun mit dem neuen Familienzuwachs? Im Garten baute ich also aus den übriggebliebenen Brettern vom Hausbau einen Kaninchenstall und für den kommenden Winter wurde ein Stall unter dem Küchentisch gefertigt, mit Roste und Ablaufblech.

Währenddessen wurde der Krieg immer härter. Täglich erschienen feindliche Flugzeuge über Berlin, die Amerikaner am Tage, die Engländer in der Nacht. Eine deutsche Luftwaffe gab es schon praktisch nicht mehr. In unserem Betrieb ging „Heldenklau" um. Wehrmachtsbeauftragte kontrollierten die Arbeit jedes Einzelnen, ob seine Arbeit noch so kriegswichtig war, als daß er nicht hätte eingezogen werden können. Ich entging dem allen, bis Josef Goebbels nach seiner Sportpalastrede den „Totalen Krieg" ausrief. Am 18. September 1944 bekam ich danach meine Einberufung nach Stahnsdorf zur Infanterie-Fernsprech-Kompagnie, denn eine Luftwaffe gab es ja nicht mehr.

Ich verabschiedete mich also wieder von meiner Familie und zog in die Stahnsdorfer Kaserne ein. Zuerst geschah noch nicht viel, aber eines Tages nach dem Antreten sagte der Spieß, daß zur Ausbildung als Funkfernschreiber, Uhrmacher, Optiker oder Feinmechaniker gesucht werden. Ei, dachte ich mir, Ausbildung ist immer gut. Solange du ausgebildet wirst, brauchst du nicht an die Front. Ich meldete mich und wurde auch wirklich angenommen. Erneutes Lernen des Morsealphabets, sowie das übungsweise Verlegen von Telefonleitungen war das Erste, was nach der Einberufung auf dem Dienstplan stand. Jetzt kam das Erlernen des Zehnfinger-Systems auf der Schreibmaschine hinzu. Auf der Lochstreifenmaschine wurde geübt, und im Schichtdienst machten wir Übungsverkehr mit der Gegenstelle. Im Nordwesten von Wien, auf dem Dreimarkstein war sie stationiert.

Die Ausbildung lief, aber ich konnte oft nach Hause. Das Schönste jedoch war, als wir am Nachmittag des Heiligen Abend Urlaub bekamen und ich mit einem Kochgeschirr voll Kartoffelsalat und einer dicken Bockwurst mit meiner

Familie Weihnachten feiern konnte. Wolfgang war vier Jahre alt und er sollte unbedingt eine Marianne als Schwester haben. Es war die gleiche Mutterwelle wie 1939, die Erni erfaßt hatte. Auch der ärgste Bombenkrieg und alle schlimmen Nachkriegsaussichten, sowie das Kopfschütteln der Verwandten, konnten den Wunsch nach einem zweiten Kind nicht verdrängen. Mitte Januar sollte es nun so weit sein, und ich war ja noch immer in der Nähe.

Doch eines Tages kam die Überraschung. Die Besatzung der Übungsfunkstelle Wien-Dreimarkstein sollte gegen unsere von Stahnsdorf ausgetauscht werden. Abfahrtstag sollte der 13. Januar 1945 sein. Es kam wirklich überraschend, denn Erni kam am 9. Januar mit einer Venenentzündung ins Neuköllner Krankenhaus, und als ich sie am 10.1 dort besuchte, wußte ich noch nichts von meiner Versetzung. Erst am 12.1. erfuhr ich davon und besuchte Erni noch einmal im Krankenhaus, um mich von ihr zu verabschieden. Die Schwester wollte mich nicht ins Krankenzimmer lassen, weiß man ihr gerade Blutegel angesetzt hatte. Zufällig kam ihr Arzt, Prof. Dr. Pschyrembel dazu und sagte zu der Schwester: „Nu lassen Sie den Mann mal ruhig rein, der hat von seiner Frau bestimmt schon mehr gesehen, als nur ein nacktes Bein." Es war ein trauriger Abschied, so kurz vor der Niederkunft und sicher war das auch der Grund, daß unser Ulrich am nächsten Tag um 23:50 Uhr zur Welt kam, 4300 g schwer und 56 cm lang. Ich erfuhr erst am 23. Januar in Wien davon.

Während der Geburtswehen war ich auf der Fahrt nach Wien. Gegen 19:00 Uhr fuhren wir in einem Wehrmachtsliegewagen von Berlin ab und langten am nächsten Tag gegen 16:00 Uhr in Wien an, um unser Quartier auf dem Dreimarkstein zu beziehen. Schon in der ersten Nacht merkten wir, daß wir dort nicht allein waren. Während wir zu schlafen versuchten, wurden Tausende von Wanzen wach. Es nützte auch nichts, daß wir die ganze Nacht das Licht brennen ließen.

Wir machten nun Dienst für den umgekehrten Übungsverkehr nach Stahnsdorf, der immer wieder durch Bombenabwürfe auf Wien unterbrochen wurde. Eine große Überraschung war für mich, als ich innerhalb unseres Funkverkehrs, einen Tag nach dem Brief von Erni, einen Streifen aus Stahnsdorf bekam, der noch einmal die Geburt unseres Ulrichs verkündete. Schwager Fritz hatte meine Dienststelle in Stahnsdorf darum gebeten, und dies gab die Nachricht nach Wien auch durch. Ulrichs Geburt war nicht leicht. Erni kam erst 14 Tage später aus dem Krankenhaus und mußte vier Tage danach noch einmal für 12 Tage dorthin.

Die Bombenangriffe auf Berlin verstärkten sich immer mehr. Nach einem Großangriff am 3. Februar wurde unsere Emmauskirche getroffen, die bis zum nächsten Tag vollständig ausbrannte, weil keine Kräfte zum Löschen zur Verfügung standen. Am 18. März fand ein weiterer Großangriff auf den Görlitzer Bahnhof statt, bei dem auch unser Nebenhaus Nr. 3 getroffen wurde.

Unsere Funkstelle bekam eines Tages den Auftrag, drei Mann zu einem Kradkursus [Krad=Motorrad] in Enns abzustellen. Zu einem Funkwagen in militärischen Einsatz gehörte zu jeder Mannschaft auch ein Kradmelder. Zweckmäßigerweise wurden dazu Radfahrer ausgesucht, aber nicht etwa welche, die schon mal auf einem Motorrad gesessen hatten. Mir konnte jedenfalls eine weitere Ausbildung nur recht sein, denn der Krieg war sicher bald zu Ende. Am 13. Februar 1945 ging die Fahrt um 15:30 Uhr los und nachts um 1:00 Uhr waren wir in Enns. Während unserer Tage, die wir in dieser Stadt mit der Donau, verbrachten, wußten wir immer noch nichts von den berüchtigten Konzentrationslagern. Wenn wir abends über die Donau blickten, sahen wir auf der anderen Seite in einiger Entfernung ein hell erleuchtetes Areal. Auf unsere Frage, was das sei, hörten wir, daß dort ein Lager für politische Gefangene wäre. Der dazugehörige Ort hieß Mauthausen, der später solch eine grauenhafte Bedeutung erlangen sollte. Aber davon wußte wir damals noch nichts.

Das Lernen ging nun von neuem los. Wir hatten theoretischen Unterricht über Verkehrszeichen, praktischen Unterricht am Motorrad, einer Puch 275cm³, lernten es bedienen und machten Übungsfahrten damit nach dem 17 km entfernten Strengberg. Vier Wochen lang hatten wir ein schönes Leben, viel Freizeit, gutes Essen und die Ausfahrten waren ein Vergnügen. Fliegeralarm gehörte täglich dazu. Bei einem Spaziergang auf einer Ausfallstraße von Enns sahen wir einen Konvoi von Heereslastwagen, der von Tieffliegern zerschossen war und vereinsamt dastand. Eine Fahrprüfung beendete nach vier Wochen den Kursus, und am 17. März bestiegen wir wieder den Zug, der uns nach Wien zurückbringen sollte. Wir kamen aber nur bis Amstetten. Bomben hatten die Gleise zerstört. Mit einem LKW überbrückten wir die Strecke und von der nächsten Station ging es weiter. Am nächsten Morgen, einem Sonntag, waren wir wieder in Wien und meldeten uns auf unserer Dienststelle auf dem Dreimarkstein.

Die Kriegskunst ist eine hohe, verantwortungsvolle Aufgabe und der Einsatz militärischer Einheiten wird von Generalstabsoffizieren vorgenommen. Zu uns gehörte aber nur ein Hauptmann mit seinen Feldwebeln und Unteroffizieren. Vier Wochen lang waren wir drei Mann ausgebildet worden, um später einem Funktrupp als Kradmelder zugeteilt zu werden und nun teilte uns der Feldwebel mit, daß wir am nächsten Tag nach Berlin zurückfahren sollten, um uns dort bei der Einsatzleitung zu melden. Am 20. März kam ich in Berlin auf dem Anhalter

Bahnhof an. Irgendwelche Verkehrsmittel gab es nicht mehr, aber vor dem Bahnhof stand ein Postwagen. Den Fahrer sprach ich an, und er fuhr mich zur Liegnitzer Straße. Unterwegs fragte ich ihn nach Bombenschäden dort. Er dachte an den schweren Angriff vom 18.3. auf den Görlitzer Bahnhof und hielt sich vorsichtig zurück. Ein Stein fiel mir vom Herzen, als ich sah, daß zwar das linke Nachbarhaus fehlte, aber unser Haus noch unversehrt dastand.

Zwei Tage später wurde ich nach Weimar zur Panzer-Nachrichten Abteilung dirigiert. Vom Krad war keine Rede mehr. Unsere Arbeit bestand hauptsächlich in der Beseitigung von Bombenschäden in der Kaserne und Verlegen zerstörter Kabel. Mit einem LKW fuhren wir nach Hermsdorf, um dort Barackenteile aufzuladen und sie über Eisenberg nach Bruchfar zu bringen. Im März 1945 gab es kaum noch Lastwagen, die mit Benzin fuhren. Holzgas war der Treibmittelersatz. Hinter dem Führerhaus war ein Zylinder von ca. 60 cm Durchmesser und 1,5 m Höhe montiert, der mit einem Deckel verschlossen war. Das Holz wurde in kleinen Kloben eingefüllt, in Brand gesetzt und mit dem Deckel luftdicht verschlossen. So konnte es nur schwelen und entwickelte dabei ein Gas, das zum Motor geleitet wurde und zündfähig war. Von Zeit zu Zeit hielten wir an, und der Fahrer mußte nachstuken oder bei Bedarf auch Holz nachfüllen. Die Motorleistung war unter diesen Bedingungen natürlich ziemlich mäßig.

Am 3. April war meine Tätigkeit auch dort beendet. Mit einem Unteroffizier sollte ich ein Zusatz-Funkgerät nach Berlin bringen. So konnte ich wieder zwei Tage bei meiner Familie weilen. Das Oberkommando des Heeres (OKH), das jetzt über mich verfügte, schickte mich am 5. April 1945 nach Nedlitz, nördlich von Potsdam zu einer Funkstelle. Ich war dort zwar zum Betriebsdienst eingeteilt, aber zu tun gab es während dieser Zeit nichts, denn die ganze Arbeit auf der Funkstelle wurde von Mädchen ausgeführt, die dazu dienstverpflichtet waren. Die Dienststelle war in einer requirierten Villa untergebracht. Dazu gehörten ein Garten und ein Bootshaus. Wir harkten Laub im Garten, fuhren mit dem Boot auf dem Krampnitzsee und oft konnte ich nach Hause fahren.

Der Russe war inzwischen schon auf deutsches Gebiet vorgedrungen und seine Panzer rollten von Südosten her auf Berlin zu. Hin und wieder war Kanonendonner zu hören. Im Radio war immer wieder von einer Armee Wenk die Rede, die auf dem Marsch nach Berlin sei und die Stadt verteidigen sollte. Sie ist aber nie eingetroffen. Um dem Russen zu entgehen, sollte unsere Dienstelle von Nedlitz nach Deggendorf in Bayern verlegt werden. Zu diesem Zweck wurde ich am 12. April einem Kommando zugeteilt, das einen Sender von Jüterbog holen sollte, der für den neuen Standort bestimmt war, denn am nächsten Tag sollte es losgehen.

Was aber sollte mit den Kindern und Erni werden? Einer meiner Kameraden wollte seine Frau und sein Baby mitnehmen und unser Hauptmann gab seine Zustimmung dazu. Auch ich holte mir seine Genehmigung für meine Familie und rief bei unserem Bäckermeister Graßhoff, der zwei Häuser neben uns wohnte, an und besprach das mit Erni. Sie wollte aber erste die Meinung ihres Vaters darüber hören. Bei einem zweiten Anruf teilte sie mir weinend mit, daß sie hierbleiben wolle, denn Vater hätte ihr abgeraten, weil sie sonst die Kinder verlieren würde. Später sah ich ein, daß diese Entscheidung gut war, denn Ulrich mit seinen drei Monaten hätte die Strapazen der folgenden Wochen nicht überstanden.

Am 13. April verluden wir unsere Funkstelle auf Lastwagen und fuhren nach Straußberg. Dort wurde alles auf einen langen Güterzug verfrachtet. Unsere Unterkunft war ein Güterwagen, der mit Schiebtüren zu schließen war.

Am anderen Morgen gegen 5:00 Uhr sagte der Bahnhofsvorsteher, wenn wir in den nächsten zwei Stunden nicht fahren würden, dann könne er nicht dafür garantieren, daß wir überhaupt noch wegkämen. Der Grund des Zögerns lag darin, daß wir immer noch auf Zubehörteile für unsere Funkstelle warteten. So fuhren wir eben ohne diese los.

Auf der Fahrt, die zuerst nach Elsterwerder ging, hielten wir uns auf dem letzten Plattenwagen auf, der Barackenteile geladen hatte. Hier schrieb ich eine Postkarte an Erni, dich ich einem Kameraden mitgab, der nur ein Stückchen mitfuhr und dann nach Berlin zurückkehrte. Es war das letzte Lebenszeichen, das sie bis zum 6. September von mir erhielt. Am anderen Morgen ging die Fahrt weiter. Mittags fuhren wir durch Dresden und sahen die furchtbaren Zerstörungen, die der große Angriff vom 13. Februar 1945 verursacht hatte. Über Bischofswerder ging es weiter nach Ebersbach. Bei jedem Halt schwärmten wir aus, um Esswaren zu organisieren. Kartoffeln rösteten wir am offenen Holzfeuer. Am 16. April fuhren wir durch das Lausitzer Gebirge über Böhmisch-Leipa nach Prag und wurden dort abends auf dem Rangierbahnhof abgestellt. In der Nacht erschienen Bombengeschwader über der Stadt und wir suchten Schutz unter den Waggons. Den ganzen nächsten Tag standen wir in Prag und versuchten Lebensmittel zu organisieren. Am anderen Morgen wurden wir auf ein Abstellgleis bei Mistitz geschoben, wo wir sechs Tage liegen blieben. Erst am 23. April wurde unser Zwangsaufenthalt dort aufgehoben. An diesem Tag drangen die Russen über Köpenick in Berlin ein. Wir wußten zwar nichts davon, aber meine Gedanken verweilten oft bei meiner alleingelassenen Familie dort. Von Deggendorf war bei uns keine Rede mehr.

Unser Hauptmann war inzwischen für uns tätig geworden. Als Zuteilung bekam jeder von uns eine Flasche

Rotwein. Auf einem Gleis in der Nähe stand ein Verpflegungszug, der Säcke mit Zucker enthielt. Mit unserem Seitengewehr bohrten wir Löcher in die Säcke und ließen diesen in unsere Kochgeschirre laufen. Damit versüßte ich mir den sauren Rotwein, wußte aber nicht was ich mir damit einhandelte. Der Erfolg ließ auch nicht lange auf sich warten. Ich bekam einen Durchfall, der sieben Tage anhielt und womit ich zwei Tage in mitgeführten Lazarettwagen zubrachte. Am 24. April bekamen wir endlich wieder eine Lokomotive und gegen Mittag verließen wir Mistitz, aber niemand kannte unser Ziel. Die Fahrt ging weiter, meistens nachts, über Budweis, Kiefermarkt, und St. Valentin. Diese Gegend war mir bekannt, denn noch vor sechs Wochen war ich hier mit dem Krad herumgekurvt. Wir überstanden einen Jagdbomberangriff, der unsere Lokomotive beschädigte und der Lokführer weigerte sich, weiterzufahren. Es ging dann doch weiter. Wir kamen nach Steyr, durchfuhren das herrliche Ennstal und langten am 30. April in Hieflau an.

Hier war die Reise wieder einmal für ein paar Tage am Ende. Am 2. Mai erfuhren wir dort vom Tod Hitlers in Berlin. Damit wußten wir, daß der Krieg zu Ende und für uns nur das Überleben und Heimkommen wichtig war. Aber damit hatte es noch Zeit. Am Morgen des 5. Mai fuhren wir weiter über Eisenerz nach Präbichl und damit war die Fahr für uns vorerst zu Ende. Wir bezogen in 1200 m Höhe ein von der SS verlassenes Lager. Dort war vor kurzem ein Rind geschlachtet worden und weil kein Kühlraum vorhanden war, hatten wir Mühe das Fleisch zu verzehren. Unser Aufenthalt dort dauerte drei Tage, dann war der Russe von Graz her im Anmarsch und wir rüsteten wieder zur Abreise. Wir bekamen jetzt einen Waggon, der vor kurzem von Ungarn verlassen worden war. Hier fanden wir ein Fass mit süßer kondensierter Milch, ein Fass mit Apfelsaft und Bonbons vor.

Die Fahrt ging über Eisenerz wieder zurück nach Hieflau und drei Stunden, bevor der Russe dort war, fuhren wir nach Westen über Admont nach Selzthal bei Liezen. Hier hielt der Zug auf freier Strecke zwischen Wiesen und Feldern. Die wildesten Gerüchte kursierten auf einmal herum: Vor uns sind die Amerikaner! Schüsse hörten wir, Parole: Die Offiziere erschießen sich. Wir klappten unseren Sender auf, zerschlugen die großen Senderöhren, rückten ihn mit Hauruck an die Waggonkante und stießen ihn hinaus. Er trudelte die Bahnböschung hinunter, überschlug sich ein paarmal und blieb mitten auf der Wiese liegen. Alles war in Aufruhr. Wir nahmen unsere Rucksäcke und Tornister und stiegen aus. Überall lagen Kleidungsstücke und Lebensmittel herum. Aus einem mitgeführten Verpflegungswagen des Zuges holten wir uns Kunsthonig und Suppenpulver in Tüten. Wir packten ein, soviel wir tragen konnten. Bauern aus der Umgebung kamen mit Pferd und Wagen und luden auf, was hier herrenlos herumlag. Dann erkannten wir auch die Lage. Vor uns floß eine kleine Ache, der Paltenbach. Über diesen führte eine steinerne Brücke und je rechts und links auf einem Pfeiler saß ein Ami mit einer umgehängten MP. Auf jedem Unterarm fünf Armbanduhren. Ein Offizier mußte uns Landser in Gruppen zu sechs mal zehn vor der Brücke zusammenstellen. War er damit fertig, stieg einer der Amis lässig von dem Pfeiler, ging durch die Reihen, nahm Ferngläser und Pistolen ab und dann konnte der Trupp die Brücke passieren. Es sprach sich herum, daß für diesen Übergang ein Limit bis 13:00 Uhr gesetzt war. Wer bis zu diesem Zeitpunkt die Brücke nicht passiert hatte, blieb drüben und konnte auf den Russen warten, der in einer Stunde dort eintreffen würde. Punkt 13:00 Uhr war ich mit meinen Kameraden auf der amerikanischen Seite.

Was nun? Wir sahen uns um und entdeckten zwei junge russische ehemalige Kriegsfangene, die neben einem

Korbwagen standen, der mit zwei Pferden bespannt war. Sie sprachen uns an, sie wollten über die Brücke. „Macht, daß ihr fortkommt, der Russe ist ganz in der Nähe, wenn der euch kriegt, werdet ihr massakriert!" Kaum, daß wir ihnen das gesagt hatten, stoben sie davon und ließen Pferde und Wagen zurück. Wir nahmen den Wagen in Besitz, er war nicht groß und unser Gepäck, das wir jetzt auf diesen luden, türmte sich zu einem Berg. Unser Trupp umfaßte 16 Mann und unsere Aufgabe bestand jetzt darin, hart zu sein und unseren Wagen zu verteidigen. Von allen Seiten stürmten Landser auf uns zu, die ebenfalls ihr Gepäck aufladen wollten. Aus Selbsterhaltungstrieb bildeten wir einen Ring darum, und wehrten Angriffe ab.

In unserem Trupp waren unser Hauptmann, ein Feldwebel und ein Unteroffizier, dazu eine Funkhelferin, die sich mit dem Hauptmann liiert hatte, sowie elf weitere Kameraden. Der Unteroffizier, der sich auf Pferde verstand, übernahm die Zügel und wir liefen neben dem Wagen her. Unser Ziel war uns nicht bekannt. Nach Anweisung von Ami-Soldaten, die an der Straße postiert waren, sollten wir in Auffanglager geleitet werden. Ein Lager wurde uns in Mondsee genannt. Ein weiteres sollte in Salzburg in der Riedenburg Kaserne sein. Von dem letzteren hörten wir unterwegs die bösesten Gerüchte. Unsere Absicht war, dieses Lager nach Möglichkeit zu umgehen, vor allem aber Salzburg. Unser Feldwebel hatte seine Familie in Klagenfurt evakuiert und er plädierte dafür, daß unser Weg dorthin führen sollte. Wir aber wollten in die Nähe der deutschen Grenze.

So trotteten wir die Straße nach Liezen entlang und weiter Richtung Bad Aussee. Wichtig war, bald ein Nachtquartier zu finden. Um 17:00 Uhr hatten wir einen Bauern gefunden, der uns in der Scheune Unterkunft geben wollte. Wir waren schon beim Abladen, als ein Ami erschien, der uns bedeutete, daß wir erst um 18 Uhr

Quartier beziehen dürften. So ging der Weg also wieder weiter und wir konnten in dem etwas weiter entfernten Steinach übernachten.

Am nächsten Tag, es war Himmelfahrt der 10. Mai, marschierten wir weiter bis Klachau bei Tauplitz. Es war ein warmer Tag und bei einem Bauern fanden wir abends Unterkunft. Die Pferde weideten auf einer Wiese neben der Scheune und der Unteroffizier wollte sie in der Nacht nicht alleine lassen. Er schlug mir vor, bei ihnen draußen zu übernachten. Ich willigte ein, wir suchten uns Stroh und Decken und schliefen bei den Pferden. Weiter ging es nach Bad Aussee. Dort hörten wir von einer deutschen Dienststelle, auf der wir uns melden konnten. Wir bekamen einen Stempel ins Soldbuch und 30,-- Mark und zogen weiter über den Pötschenpaß. Steil ging es bergauf und wir halfen den Pferden, indem wir den Wagen mit schoben. In Anzenau übernachteten wir und fanden am nächsten Tag in Bad Ischl ein neues Quartier.

Abends saßen wir mit dem Bauern zusammen. Der holte eine Flasche Obstler hervor und es begann eine gemütliche Runde. Vor zwei Tagen war uns ein Kamerad abhanden gekommen, dessen Gepäck wir noch bei uns hatten. Wir öffneten es und fanden drei Flaschen Schnaps darin. Mit diesem revanchierten wir uns bei dem Bauern und suchten schwer angeschlagen in der Nacht unser Strohlager auf. Wir blieben zwei Tage bei dem Bauern. Die Amis hatten ihm seine Schreibmaschine auf die Erde geworfen und er fragte, ob jemand von uns sie reparieren konnte. Ich konnte es und bekam ein Stück Speck dafür. Wir wuschen unsere Wäsche, ließen die Pferde beschlagen und verabschiedeten uns am 15. Mai von dem Bauern.

Am Wolfgangsee ging es vorbei nach St. Gilgen und von dort, unterhalb des Schafberges entlang nach Thalgau. Wir waren jetzt schon in gefährlicher Nähe des Auffanglagers Mondsee, suchten nach Möglichkeit uns von der

Hauptstraße fernzuhalten und benutzten einsame Feldwege, wo keine Amiposten standen. Am nächsten Tag waren wir in der Nähe von Salzburg und konnten dort wieder bei einem Bauern übernachten. Es war der 16. Mai. Unser Trupp hatte sich inzwischen wesentlich verkleinert. Zu dem einen abhanden gekommenen Kameraden kamen weitere vier, die sich in Thalgau einen Handwagen organisiert und eine Straßenkarte geschenkt bekommen hatten. Sie wollten versuchen, in diesem kleinen Trupp über die Grenze nach Deutschland zu gelangen. Am nächsten Tag geschah etwas, was die Anregung für ein Theaterstück hätte geben können. Unser Hauptmann Stark wollte in voller Uniform nach Salzburg, um die Lage zu peilen. Sein „Fräulein", die Funkhelferin begleitete ihn und mit ihnen ging ein Kamerad von uns, der ein Fahrrad bei sich hatte. Als die drei so durch die Stadt spazierten, hielt ein Jeep neben ihnen der mit zwei Amis besetzt war, die sie fragen, wo sie hinwollten. Unser Hauptmann sagte, daß er zur Riedenburg-Kaserne wollte. OK, sagten die Amerikaner, steigen sie ein, wir fahren auch dorthin. Als das Mädchen dazu steigen wollte, sagten sie: „Du bleibst da, Baby." Sie wollten losfahren, da stürzte unser Gefreiter Klemens herbei und schrie: „Halt, halt, ich gehöre auch dazu." „OK", sagten die Amerikaner, „steigen Sie ein". Das Mädchen bekam das Fahrrad in die Hand gedrückt und der Jeep brauste los.

Spät am Abend tauchte der Hauptmann ganz aufgeregt wieder bei uns auf. „Ich muß euch sofort alle zur Riedenburg-Kaserne bringen, ich hab's versprochen." „Sachte, sachte", sagten wir „nun erzählen Sie erst mal." Und er erzählte. Er war mit dem Jeep zur Riedenburg-Kaserne gefahren und dort verhört worden. Weitere Kameraden wären mit ihm noch hier in der Nähe, sagte er, und wenn sie zustimmten, dann würde er sich mit denen hier melden. „OK", sagten die Amis, „holen Sie die Leute."

Damit war unser Hauptmann entlassen, aber über den Verbleib des Gefreiten Klemens konnte er uns nichts sagen. Wir beruhigten den Aufgeregten und sagten ihm, daß wir die Sache erst mal beschlafen wollten. Das taten wir auch und am anderen Morgen sah alles nicht mehr so schlimm aus und keiner, auch nicht unser Hauptmann, dachte mehr daran, sich in der Riedenburg Kaserne zu melden.

Innerhalb unseres Trupps hatten sich während der Zeit unseres Zusammenseins kleine Gruppen zu zwei oder drei Mann gebildet, die miteinander harmonierten. So hatte ich mich mit einem Kameraden Höcker, Vornamen Karl, befreundet. Wir hatten festgestellt, daß wir am Ende unserer Wanderung angekommen waren und daß es zweckmäßig wäre, unseren Trupp aufzulösen, denn unserem Bauern konnten wir unsere große Gesellschaft auf die Dauer nicht zumuten. So mieteten sich einige ein gemeinsames Zimmer, andere suchten sich in der Nähe eine neue Unterkunft und auch Karl und ich gingen auf die Suche danach. Wir liefen die Autobahn entlang, weg von Salzburg, bis in die Nähe von Schloß Söllheim und fragten, bei einem auf einem Hügel etwas abseits gelegenen Bauernhof unterhalb der Autobahn nach einem Quartier. Der Bauer mit Namen Martin Lettner war erst vor einigen Tagen selbst vom Rheinland her nach Hause gekommen. Er wollte uns nehmen.

Der nächste Tag war Pfingstsonntag der 20. Mai. Wir packten unsere Sachen zusammen und verabschiedeten uns von unserem Kameraden. Wie übernahmen auch die Sachen des Gefreiten Klemens sowie dessen Fahrrad und verpflichteten uns, diesem in der Riedenburg-Kaserne die Sachen zuzustellen. Während unserer Wanderung nach Salzburg hatte Karl Höcker zwei herrenlose Pferde eingefangen, mit denen er versuchen wollte, in die Heimat zu gelangen. Mit all diesem toten und lebendigen Inventar zogen wir nun nach Gnigl-Berg-Sam, so hieß unsere neue

Adresse. Wir wollten dem Bauern Lettner die Pferde gegen Futter zur Feldarbeit zur Verfügung stellen, dieser aber meinte, er arbeite lieber mit Ochsen. Er gab uns die Adresse eines Nachbarn, mit Namen Leitner, der ein größeres Gut hatte und den Schimmel unter den angegebenen Bedingungen in Kost und Logis nahm. Der Braune hatte eine große Wunde am Hinterteil, deshalb gingen wir am nächsten Tag nach Liefering, einem nördlichen Stadtteil von Salzburg, um ihn einer Abdeckerei zu verkaufen. Einem zufällig anwesenden Bekannten des Abdeckers tat das Pferd aber leid und er kaufte es uns gegen Brot, Eier, Fleisch und 100,-- Mark ab.

Als nächstes gingen wir zur Polizei, meldeten uns an und bekamen auf dem Ernährungsamt Lebensmittelkarten. Wir besorgten uns auf einer Sammelstelle für Altkleidung Zivilsachen und unsere tägliche Beschäftigung bestand darin, in der Umgebung Lebensmittel zu kaufen oder zu ergattern. Ich hatte die Küche übernommen, machte aus geschmortem Mehl Nudeln und Klöße, auf einer gefundenen Bratpfanne brieten wir Plinsen und in unseren Kochgeschirren kochten wir Gemüseeintopf. Unsere Kochstelle bestand aus geschichteten Steinen, die wir dem Haus eingerichtet hatten. Von der Bäuerin bekamen wir morgens eine Tasse Milchkaffee und wenn wir dem Bauern mal bei der Arbeit geholfen hatten, auch ein Mittagessen. Unsere Schlafstelle war der Heuboden und für unsere Sachen hatte der Bauer uns ein kleines Zimmer zugewiesen, in dem bis vor kurzem noch der dem Hof zugeteilte Arbeiter, ein Franzose, gewohnt hatte. Der noch gefüllte Nachttopf stand unter meinem Bett, als wir das Zimmer in Besitz nahmen.

Mein Versprechen, die uns verbliebenen Sachen unseres Kameraden Klemens diesem zuzustellen, hielt ich ein. Sein Fahrrad hatten wir auch noch und so fuhr ich mehrmals zur Riedenburg-Kaserne, um ihn dort ausrufen zu lassen. Am

Eingang war eine Stelle des „Deutschen Roten Kreuzes" eingerichtet, wo mir versprochen wurde ihn ausfindig zu machen. Aber auf einen mehrmaligen Aufruf hin meldete sich niemand.

Wir machten auch den vagen Versuch Arbeit zu bekommen, sahen aber ein, daß wir wegen der Lebensmittelsuche gar keine Zeit hatten. Kamerad Höcker hatte eine zweite Armbanduhr, die in seinem Besitz war, von in der Nähe hausenden KZ-Leuten, die noch in ihrer gestreiften Kleidung herumliefen, ein Fahrrad eingetauscht, und so konnten wir zusammen mit den Rädern unsere Touren unternehmen. Nach vier Wochen teilte uns der Bauer Leitner, bei dem wir den Schimmel untergebracht hatten, mit daß er diesen nicht länger füttern könne und auf dem Feld hätte er auch keine Verwendung für ihn. So blieb uns nicht weiter übrig, als auch dieses Pferd zu verkaufen.

Oft waren wir in Salzburg. Einmal kamen wir an einer Tafel vorbei, die von Amerikanern mit Fotografien bestückt war. Es waren Bilder von Konzentrationslagern Dachau und Mauthausen. Verbrennungsöfen waren darauf abgebildet und Haufen von Leichen und Knochenresten. Wir standen davor und ich war überzeugt davon, daß diese Bilder Fälschungen waren, weil ich einfach nicht daran glauben konnte und ich bis zu diesem Tage auch nichts davon gehört hatte.

Unser Trachten ging von Anfang an dahin, zu überlegen, wie wir am besten nach Hause kommen könnten. Karl Häcker stammte aus Wesel und seine Frau war mit der Tochter im Schwarzwald evakuiert. Ich wollte nach Berlin, wußte aber nicht, daß dort wegen der vierfachen Besatzung eine Zuzugssperre bestand. Wir hatten auch keine Entlassungspapiere und die bekam man nur, wenn man durch ein Entlassungslager gegangen war. Anfang Juli hörten wir, daß in Karlstein bei Reichenhall solch ein Lager vom OKH existieren sollte. Die deutsch-österreichische

Grenze war zwar von den Amerikanern gesperrt, aber wir fanden mit unseren Rädern einen Weg bei Marzoll, der unbewacht war und wo wir hinüber nach Reichenhall konnten. Wir hörten dort, daß von Zeit zu Zeit eine Entlassungskommission in das Lager kam. Nach mehreren Fahrten dorthin erhielten wir die Nachricht, daß es am 20. Juli wieder soweit sein sollte.

Am Montag, den 16. Juli verabschiedeten wir uns von unserem Bauer Lettner, nahmen die notwendigsten persönlichen Dinge mit und ließen alles Übrige zurück. Wir schwangen uns auf unsere Fahrräder und fuhren nach Karlstein. Auf einem Grundstück in der Nähe des Lagers stellten wir unsere Räder unter. Der Mann sagte uns, er hätte schon so viele Fahrräder hier, die nicht wieder abgeholt wurden, daß er hoffe wir würden die unsrigen wenigstens wieder abholen. Wir wurden im Lager aufgenommen, gefragt ob wir Läuse hätten, was wir verneinten, pro forma etwas besprüht und bekamen ein Bett in einer Baracke zugewiesen. Die Entlassungskommission kam eine Woche später. Wir hatten es erreicht, während dieser Zeit in die zu Entlassenden eingereiht zu werden. In langer Reihe standen wir an, dann gab es Unruhe, laute Stimmen waren zu hören und uns wurde mitgeteilt, wir könnten wieder in unsere Baracken gehen, die Kommission nähme keine weiteren Entlassungen mehr vor. Das war natürlich nicht in unserem Sinne, aber wir konnte es nicht ändern. In der Folgezeit wurden wir mit Einsatzarbeiten beschäftigt. In der benachbarten Artillerie-kaserne räumten wir auf. In der ehemaligen Reichskanzlei in Berchtesgaden betonierten wir einen Tennisplatz und schnitten den Rasen.

Das Leben im Lager war nicht schlecht. Wir hatten viel Freizeit und unserer täglichen Essenrationen, die zwar nicht üppig, aber einigermaßen ausreichend waren. Vor allen

Dingen hatten wir es nicht mehr nötig, uns selber darum zu kümmern. Mit einem General schnitt ich draußen mit einer Zwei-Mann-Säge Holz für die Lageküche. Er hatte immer Hunger und für unsere Arbeit bekamen wir aus der Küche dafür eine Sonderration. Überraschend wurde ich am 31. Juli selber in die Lagerküche abkommandiert. Kamerad Höcker war schon früher zur Arbeit in die Ami-Küche beordert worden. Von dort brachte er oft Reste mit, die von den Amis noch intakt waren, denn diese hatten die üble Angewohnheit, ihre Zigarettenreste in das stehengebliebene Essen zu werfen. In unserer Lagerküche, in der ich gute zwei Wochen arbeitete, hatte ich keine Verpflegungsnöte mehr. Oft bekamen wir Zuteilungen an Wäsche. Einen Tornister hatte ich auch, der schon wieder gefüllt war, als am 17. August die Entlassungs-Kommission erneut erschien. Kamerad Höcker und ich erhielten dabei unsere Entlassungspapiere.

Was wir zuerst nicht geglaubt hatten, bewahrheite sich wirklich. Alle entlassenen wurden mit einem LKW in ihren angegebenen Entlassungsort gefahren. Nur Berlin blieb davon ausgenommen. Ich wußte, daß Schwägerin Gretel mit dem Klaus in Grünlas im Fichtelgebirge evakuiert war, aber ich hatte keine Ahnung, wo der Ort lag. Diesen hatte ich nämlich als meinen Entlassungsort angegeben. Während meiner Arbeit in der Artilleriekaserne hatte ich ein Lager bemerkt, das voller Generalstabskarten steckte. Eines Tages ging ich heimlich dorthin und suchte nach einer Karte vom Fichtelgebirge. Ich fand auch tatsächlich eine und nun suchte ich Zentimeter für Zentimeter die Karte durch, um Grünlas zu entdecken. Es gelang mir, der Ort lag in der Nähe von Fichtelberg und nun konnte ich dem Fahrer auch das Fahrtziel ansagen.

Diese Fahrt war für den 21. August geplant. Aber vorher wollte ich noch mit Kamerad Höcker unsere zurückgelassenen Sachen von Bauer Lettner holen. Mit unseren

Entlassungspapieren kamen wir zwar aus dem Lagertor hinaus, aber nicht wieder hinein. Trotzdem verließen wir zwei Tage vor der Abreise das Lager, ließen uns unsere Fahrräder geben und fuhren nach Salzburg. Lettners freuten sich, uns wiederzusehen. Wir übernachteten dort noch einmal im Heu und am Nachmittag des nächsten Tages fuhren wir mit den Rädern wieder zurück nach Karlstein zum Lager. Wir warteten, bis es dunkel war und stiegen dann heimlich über den Lagerzaun, wobei wir in Kauf nehmen mußten, vom Wachposten abgeschossen zu werden. Leider hatte man unsere nächtliche Abwesenheit bemerkt und ein Donnerwetter des deutschen Lagerverwalters ging auf uns nieder. Trotzdem konnte ich am 21. August mit meinen beiden Rucksäcken auf den LKW klettern. Draußen wurde noch einmal gehalten, ich holte mein Fahrrad und band es hinten an der Ladeklappe fest.

Unsere Fahrt ging über Salzburg, Vöcklabruck nach Wels und von dort nordwärts in Richtung Passau. In Peuerbach blieb der Wagen stehen und der Fahrer bastelte am Motor und an der Batterie herum. Nach zwei Stunden ging es weiter über Passau nach Deggendorf. Als wir im April von Straußenberg abfuhren, sollte unser Ziel Deggendorf sein. Vier Monate später war ich nun doch in der Stadt, in der wir unsere Ersatzfunkstelle aufbauen sollten. Wir übernachteten hier in einer Turnhalle und am nächsten Morgen ging es weiter über Regensburg, Straubing nach Amberg. Das nächste Ziel sollte Wunsiedel sein und dazu hätten wir von Amber nordwärts fahren müssen. Ich hätte dann direkt in Grünlas aussteigen können. Der Fahrer verfranzte sich aber und fuhr in Richtung Pegnitz und von dort auf die Autobahn. Mir blieb nichts weiter übrig, als den LKW hinter Bayreuth zu verlassen, um auf die Straße nach Warmeinsteinach zu kommen. Ich bepackte mein Fahrrad, einen Rucksack hinten, einen vorn und strampelte los. In

Untersteinach wurde es dunkel und ich suchte nach einer Unterkunft. Ich fand sie auch, bekam sogar ein richtiges Bett und morgens Frühstück. Dann sollte es weitergehen, aber die Luft im Fahrradreifen war raus. Mühselig flickte ich das Loch im Schlauch, unterlegte das im Reifen und rumpelte los. Nachmittags traf ich in Grünlas ein, aber keine Gretel war zu sehen. Sie war in Fichtelberg beim Friseur. Als sie dann kam war die Überraschung groß.

Am nächsten Tag holte ich mir aus Ebnath Lebensmittel-karten. Man gab mir diese aber nur ungern und gebot mir, spätestens in einer Woche wieder abzureisen. Ich hatte auch nicht vor, länger zu bleiben, denn ich wollte ja nach Hause. Von Freitag dem 24.8 bis Freitag dem 31.8.45 blieb ich bei ihnen. Sie lebten in dem Schankraum eines stillgelegten Restaurants und hatten ständig Krach mit dem Besitzer, dem die Einquartierung nicht gefiel. Trotzdem half ich dem Wirt im Wald Bäume zu schlagen und zersägen, machte für Gretel und Klaus Pantoffel und versuchte vergeblich, den wieder defekten Schlauch zu reparieren. Gretel bat mich immer wieder, sie beide doch mit nach Berlin zu nehmen, aber ich wußte ja nicht, wie ich sie über die gesperrte Grenze nach Thüringen bringen sollte und einen Zugverkehr gab es nicht. So verabschiedete ich mich am Sonnabend, dem 1. September, von ihnen. Eine der Frauen, mit denen sie dort zusammenlebte, buk am Vorabend meiner Abreise noch Makronen Törtchen aus ein paar Haferflocken, die sie mir mit auf die Wanderschaft gab. Als Gepäck hatte ich meinen Rucksack mit dem Allernotwen-digsten gepackt, gerade so viel wie ich tragen konnte, denn das Fahrrad blieb da. Bruder Herbert brachte es mir nach seiner Entlassung aus der Gefangenschaft nach Berlin, wo es mir später beim Besuch der Krankenkasse am Oranienplatz gestohlen wurde.

Ich wanderte am ersten Tag über Fichtelberg, Bad Berneck, Gefrees nach Friedmannsdorf, eine Strecke von gut 40 km und übernachtete dort. Am nächsten Tag ging es weiter über Münchberg nach Maierhof, westlich der Autobahn. Es war schon Mittag vorbei und ich fragte in einem Gehöft wegen Essen. Man lud mich ein, packte mir fünf Knödel auf den Teller und bedauerte daß sie das Fleisch schon alles gegessen hätten. Es war Sonntag. Mit Dank verabschiedete ich mich und weiter ging es über Helbrechts nach Naila. Nach einem Marsch von 30 km fragte ich in der Nähe von Marxgrün auf einem Gutshof nach Quartier. Die Gutsherrin ließ mich am Abendbrot der Gutarbeiter teilnehmen. Es gab Roggensuppe und Kartoffelsalat. Am nächsten Morgen bekam ich Frühstück und Mittagessen und am Nachmittag machte ich mich auf den Weg zur Grenze bei Lichtenberg. Diese verläuft am Nordrand des Ortes in einem kleinen Taleinschnitt, durch den ein Bach fließt. Ich orientierte mich und stieß zu einer kleinen Gruppe, die ebenfalls heimlich über die Grenze wollte. Es waren ca. 10 bis 15 Leute. Ein Mann aus dem Ort, als Pilzsucher getarnt, erbot sich, uns an einer sicheren unbewachten Stelle über die Grenze zu bringen. Wir wateten durch den Bach und erklommen die jenseitige Höhe durch einen dichten Fichtenwald. Wir hatten uns verteilt und ich hatte mich mit einem jungen Mann zusammengetan. Während dieses Unternehmens wollten wir zusammenbleiben.

Also wir durch das dichte Unterholz krochen, erscholl eine Stimme: „"Stoi!" Wir erschraken und rührten uns nicht. Der Russe war nicht zusehen, aber durch mehrmaliges Herumschlagen des Karabinerhebels wollte er uns einschüchtern. Dann kam er hervor und gebot uns mitzukommen. Er führte uns zu seinem Unteroffizier in der Nähe. Dieser konnte etwas Deutsch und fragte uns aus. Im Verlaufe des Gesprächs hielt er uns vor, was die Deutschen in seinem Heimatland für Unheil angerichtet hätten. Ich antwortete ihm, daß wir daran schuldlos wären. Wir hätten den Krieg genauso wenig gewollt, wie er und freuen uns, daß dieser nun endlich vorbei wäre.

Sie führten uns durch den Wald zu ihrer Einheit nach Blankenstein. Unterwegs sahen wir ausgeräuberte Taschen und Rucksäcke liegen. Auf einer Lichtung hielten sie an und der junge Russe, der uns gefangengenommen hatte, sprach mit seinem Begleiter und deutete auf uns. Wir erwarteten nun auch ausgeplündert zu werden. An Wertsachen hatte ich meine Taschenuhr, die ich zu meiner Einsegnung geschenkt bekommen hatte, meine Kleinbild-Kamera „Kodak-Retina" und meinen Trauring. Der Unteroffizier schüttelte aber den Kopf und ging weiter. Von Blankenstein wurden wir in das vier Kilometer entfernte Kießling gebracht und dort mit vielen anderen ebenfalls Festgenommenen in einen Keller gesperrt. Dort verbrachten wir auf Stroh, ziemlich unbequem, wegen der großen Anzahl von Mitgefangenen, die Nacht vom 3. zum 4. September. An ein Schlafen war hierbei kaum zu denken.

Am nächsten Morgen wurden wir zu einem Trupp von ca. 60 Personen zusammengestellt. Darunter waren Frauen und Kinder, Junge und Alte und Gehbehinderte. Zwei russische Soldaten mit umgehängtem Gewehr begleiteten uns. Unterwegs, als wir durch einen Ort kamen, standen die Dorfbewohner vor ihren Häusern und boten uns Wasser mit Kirschsaft an. Es war ein heißer Tag und wir waren durstig. Als der Gehbehinderte mit seinen Krücken nicht mehr weiterkonnte, wurde er mit dem Gewehrkolben geschlagen und blieb am Straßenrand liegen. Wir Anderen marschierten weiter. An einer Wiese machten wir Rast. In der Nähe harkten Frauen Heu zu einem großen Haufen zusammen. Wir hatten jetzt nur noch einen Begleitposten und als dieser einmal wegsah, rannten einige von uns auf den Heuhaufen zu und versteckten sich darin. Die Frauen harkten Heu über sie.

Vor uns lag ein Tal und auf der gegenüberliegenden Seite sahen wir einen Mann, wahrscheinlich einen Pilzsucher. Der Russe hob sein Gewehr, zielte und schoß auf den Mann. Einige unserer Frauen fielen ihm in den Arm und schrien: „Sie können doch den Mann nicht totschießen!" Aber der Russe schüttelte sie ab und schoß noch einmal. Er traf aber nicht und der Pilzsucher hatte anscheinend nichts bemerkt.

Wir brachen auf und wanderten weiter. Der Verlust der Entwichenen fiel nicht auf. Am Vormittag um 11 Uhr waren wir von Kießling fort und im Laufe des Nachmittags langten wir nach einem Marsch von 18 km in Wurzbach an. Wir mußten uns in Zweierreihen vor dem russischen Kommandeur aufstellen und ein russischer Offizier hielt in gutem Deutsch eine Ansprache an uns. Wir sollten keine Angst haben, alles würde gut werden. Wir brauchten nur ein Dokument und das würden wir in Plauen erhalten. Dann könnte jeder dahin gehen, wohin er wollte, sowohl in das amerikanisch als auch in das russisch besetzte Gebiet. Einer von uns sollte sich melden, der uns nach Plauen führen sollte. Der Dienst des Begleitpostens war beendet.

Es meldete sich auch tatsächlich ein ehemaliger Feldwebel aus unserem Trupp. Wir formierten uns wieder und marschierten los in Richtung Lobenstein. Ich hatte weiterhin Verbindung mit dem jungen Mann, mit dem ich gefangengenommen worden war. Wir hatten uns als letzte eingereiht und als unser Trupp einmal nach rechts abbog, bogen wir nach links in eine Straße, die zum Bahnhof Wurzbach führte. Es war schon Abend und der nächste Zug fuhr erst morgen früh. Eine Bahnbeamtenfrau, deren Mann noch nicht heimgekehrt war, nahm uns beide und noch einen dritten Unterkunft suchenden Mann auf, bewirtete uns mit Bratkartoffeln und wir konnten in einem Dachbodenzimmer übernachten.

Am nächsten Morgen um 7:00 Uhr saß ich dann mit meinem Kumpel im Zug. Er war aus Leipzig, von Beruf Bäcker und wollte, als wir dort ankamen, sofort in einem bestimmten Laden nachfragen, um dort als Bäcker wieder zu arbeiten. Ich wünschte ihm guten Erfolg, stieg in den Zug nach Wittenberg um und fuhr alleine weiter. Um 21:00 kam der Zug dort an und damit war die Fahrt für den Tag zu Ende. Auf der Suche nach einer Übernachtungsmöglichkeit geriet ich in einen Luftschutzbunker, der für solche Zwecke eingerichtet war. Einzelne Räume enthielten Stroh oder Matratzen, wo man schlafen konnte. Mitten in der Nacht erschien ein Sowjetsoldat und kontrollierte die Ausweise. Ich hielt ihm meinen Entlassungsschein hin und der Stempel darauf beeindruckte ihn wohl so sehr, daß er ihn mir ohne Kommentar zurückreichte. Am Donnerstag, dem 6. September, sollte der letzte Tag meiner Odyssee anbrechen.

Um 8:30 Uhr saß ich im Zug nach Berlin und nach vielen, vielen Aufenthalten lief er endlich um 18:45 Uhr auf dem Anhalter Bahnhof ein. Eine Stunde Fußweg lagen noch vor mir und die bange Ahnung, was ich wohl vorfinden würde. Aber alles wurde gut. Erni sah zufällig aus dem Küchenfenster durch die zerbombte Ecke auf die Wiener Straße und entdeckte mich, wie ich dort daherkam. Sie ließ alles stehen und liegen, rannte die drei Treppen herunter und vor der Haustür fielen wir uns in die Arme. Glücklich stiegen wir Hand in Hand zu unserer Wohnung empor.

Alles Ungemach war vergessen dadurch, daß ich meine Familie lebend und gesund wieder vorfand. Gesund war allerdings etwas übertrieben, denn Ulrich, jetzt acht Monate alt, hatte seit über vier Wochen die Ruhr. Alles, was er aß, kam sofort wieder hinten raus, zum Schluß mit Blut vermischt. Erni war gerade beim Füttern und gab ihn mir in den Arm zum Halten, als ihm sein Kopf zur Seite fiel und die Ärmchen schlaff herunterhingen. Voller Angst packte

Erni unseren Sohn und raste mit ihm zur Kinderfürsorge, die in der Schule Görlitzer Straße untergebracht war. Die Ärztin meinte, er hätte einen Kreislaufkollaps und müßte eine Kampferspritze haben. Aber solch eine Spritze, die dazu benötigt würde, hätte sie noch nie so einem kleinen Kind gegeben. Ob denn Erni damit einverstanden wäre? In diesem Moment sackte Erni selbst zusammen und die Ärztin mußte sich jetzt zuerst um sie kümmern. Als sie wieder zu sich gekommen war, weinte sie: „Der eine wird mir wiedergegeben und der Andere wird mir genommen." Die Ärztin beruhigte sie: „Wenn der Junge die Nacht übersteht, dann wird alles gut. Wenn Sie ihm nur etwas Bohnenkaffee zur Herzstärkung geben könnten." Ich hatte Pulverkaffee im Rucksack mitgebracht und alle Stunde in der Nacht gaben wir unserem Ulrich einen Löffel Bohnenkaffee. Es half, und er wurde wieder gesund.

Wie war es Erni und den Kindern nun während meiner fünfmonatigen Abwesenheit ergangen? Sie hatten eine schwere Zeit durchgemacht. Um Milch für den Ulrich zu bekommen, mußte Erni durch den Tunnel in die Liegnitzer Straße, denn sie war in dieser Zeit mit den Kindern oft in der Wohnung ihrer Eltern in der Oppelner Straße. Vor dem Tunnel war Volkssturm postiert. „Junge Frau, da können Sie nicht hin, dort wird geschossen." „Aber ich muß doch Milch für mein Kind haben." „Dann nehmen Sie wenigstens meinen Stahlhelm", sagte der Volkssturmmann. Wie schon gesagt, drangen die Russen am 23. April in Köpenick ein. Anfang Mai kamen sie über die Wiener Brücke von Treptow nach Kreuzberg. In der Görlitzer Straße stationierten sie ihre „Stalinorgeln", die mit ohrenbetäubendem Krach ihre Geschosse in die Stadt lenkten.

Während dieser Zeit wohnte Erni mit den Kindern bei ihren Eltern. Als die Russen in die Häuser drangen und nach Frauen suchten, versteckte ihr Vater sie auf dem

Hängeboden und schob einen Wäschekorb davor. Die Russen donnerten an die Tür: „Hier, junge Frau". „Nein, sagte ihr Vater, „hier nicht". Sie drangen nebenan in die Wohnung und fanden dort die 15-jährige Tochter des Nachbarn und warfen sich auf sie. Als der Vater dazwischen ging, um seine Tochter von diesen Bestien zu befreien, wurde er erschossen.

Oft ging Erni dann zu ihrer Wohnung hoch, um nach dem Rechten zu sehen. Einmal sah sie während des Einmarsches der Russen, daß aus unserem Fenster weiße Bettücher hingen. Unsere Nachbarin, Frau Lück, hatte sie aus unserem Wäscheschrank genommen und als Zeichen der Unterwerfung aus unserem Fenster gehängt. Ein andermal kam sie dazu, als der erwachsene Nachbarsohn vor meinem Bücherschrank kniete und darin herumkramte. Auf ihre erstaunte Frage, was er da mache, sagte er, er suche nach politischen Büchern, denn wenn die Russen so etwas bei uns fänden, würden sie unser Haus anstecken. Als ich dann zu Hause war und nach meiner Zeugnismappe aus meiner Schulzeit suchte, in der auch meine Personalpapiere aufbewahrt waren, fand ich diese nicht mehr. Ich muß annehmen, daß unser Nachbar sie mir damals gestohlen hat.

Wasser gab es nicht mehr aus der Leitung. Die nächste Pumpe war an der Wiener Brücke, 500 m weg. Mit zwei Eimern bewaffnet, stand Erni in der Menschenschlange nach Wasser an. Manchmal, am Abend war sie noch nicht dran und es war 21:00 Uhr. Sperrzeit, von den Russen angeordnet. Dann ging sie mit leeren Eimern wieder heim.

Als die Stadt in vier Besatzungs-Sektoren eingeteilt wurde, kam Kreuzberg zu den Amerikanern. Langsam kam zwar wieder Ordnung in die Stadt, aber viel besser wurde es nicht. Es gab weiter Lebensmittelkarten, von deren Zuteilung man nicht leben und nicht sterben konnte. Auch

Zigaretten und Tabak gab es darauf. Erni tauschte diese gegen Brot und andere Lebensmittel.

Verkehrsmittel gab es nicht mehr. Der Garten in Britz mußte aber gewartet werden. Also, morgens den Kinderwagen gepackt, Wolfgang an die Hand, 9 km zum Garten gelaufen, dort gearbeitet und am Abend dieselbe Strecke wieder zurück. Eine bald übermenschliche Anstrengung für eine Frau, die alles allein durchzustehen.

Nachkriegszeit

Ich war nun wieder zu Hause bei meiner Familie. Jetzt galt es, die Notzeit zusammen durchzustehen. Am Tage nach meiner Heimkehr meldete ich mich bei der Polizei, auf der Kartenstelle, beim Amtsarzt und den Tag darauf auch auf dem Arbeitsamt. Am 8. September, dem Geburtstag meines Vaters, überraschten wir diesen mit meiner Anwesenheit. Auf dem Arbeitsamt konnte man mir natürlich keine Stellung als Konstrukteur zuweisen. Damit hatte ich auch nicht gerechnet, aber ich hatte ja Maschinenschlosser gelernt und so bekam ich eine solche Stelle bei der „Armag AG" zugewiesen. Diese war eine größere Firma, die ihren Hauptsitz in der Flottenstraße in Reinickendorf hatte. Aus Vorsicht vor den unübersichtlichen Verhältnissen war eine Filiale in der Schlesischen Straße 26 an der Schlesischen Brücke eingerichtet. Hier wurden Maschinen, die man aus den Trümmern hervorgeholt hatte, wie aufgearbeitet. Ich meldete mich natürlich auch auf meiner alten Arbeitsstelle bei Siemens in Marienfelde. Dort wurde mir gesagt, daß die Firma SAM liquidiert wäre und ich mit dem Datum vom 11. September 1945 entlassen wäre. Am Mittwoch, den 12. September, fing ich als Schlosser bei der Armag AG an und begann Maschinen aller Art wieder in einen gebrauchsfähigen Zustand zu versetzen. Der Betrieb bestand aus 25 Mitarbeitern. Im Januar 1946 kündigte unser Meister. Er übernahm auf demselben Betriebsgrundstück eine Stelle bei einer anderen Firma. Ein neuer Meister wurde nun für unsere Abteilung gesucht und man übertrug mir dessen Aufgabe. So war ich vom 1. Februar 1946 an Meister im Angestelltenverhältnis.

Die Sorge um unsere Ernährung war aber trotz aller Arbeit immer noch das Wichtigste. Ende 1945, zwischen Weihnachten und Neujahr, fuhr ich deshalb zur Meta nach Bunzlau, wo ich damals auf meiner Radtour nach

Waldenburg Quartier gemacht hatte. Die Rahns waren inzwischen beide verstorben und sie wohnte jetzt in Löbau zwischen Görlitz und Bautzen. Es war eine langwierige Fahrt, die über Dresden führte. Auf der Hin- und Rückfahrt mußte ich jedes Mal die Nacht im Wartesaal verbringen, um auf den Anschlußzug am anderen Morgen zu warten. Ich brachte aber wenigstens einen Rucksack voll Lebensmittel mit nach Hause. Ein zweites Mal machte Erni die gleiche Fahrt, Ende März 1946, um für uns Essen zu besorgen. Die normalen Rationen, die man gewöhnlich zur Ernährung braucht, reichten damals bei weitem nicht. Unser größter Kochtopf, der 10 Liter Inhalt hatte, genügte gerade, um darin einen Eintopf zu kochen, bei dem wir satt wurden. Hamsterfahrten nach Treuenbrietzen zu einer Adresse, die ich von meinem Freund Walter Barz bekommen hatte, brachten oft einen Rucksack voll Kartoffeln ein. Die Züge waren aber dermaßen überfüllt, daß es keine Freude war, diese Fahrten zu unternehmen. Die Not zwang dazu.

In unserem Posaunenchor wurde wieder fleißig geblasen. Wir machten die Musik zu Einsegnungen und sonstigen Darbietungen in und vor der Kirche. Am Ostermontag, dem 22 April 1946, sollten wir vor der Kirche am Südstern blasen. Erni und die Kinder kamen mit Ulrich, der von Erni im Kinderwagen gefahren wurde. Am heutigen Paul-Linke-Ufer, kurz vor der Cottbuser Brücke, bleib sie plötzlich stehen. „Ich muß mich setzen," sagte sie, „ich kann nicht weiter." Sie faßte sich ans Herz und setzte sich auf die niedrige Mauer eines Vorgartens. Nach einem Weilchen ging es aber doch weiter und wir kamen bis zum Südstern. Wir wußten damals nicht, dass dies der Beginn einer langen Krankheitsperiode sein sollte, die sich bis zum heutigen Tage fortgesetzt hat und die immer nur durch die Energie Ernis zum Gesundwerden bezwungen wurde.

Am 27. April 1946 mußte ich sie ins Krankhaus Bethanien schaffen, ihr Herz machte nicht mehr mit. Das Problem waren aber die Kinder. Schwiegermutter lehnte ab, weil sie gegen Brot den kleinen Sohn vom Bäcker ausfahren konnte und keine Zeit für ihren Engel hatte. Alle anderen Verwandten konnten oder wollten uns nicht helfen. Ein Waisenhaus in der Schönwalder Straße in Spandau hätte sie genommen, mußte aber ablehnen, weil dieses im englischen Sektor lag und es Kinder aus dem amerikanischen Sektor nicht aufnehmen durfte. In unserer Not wandten wir uns an den Pfarrer Drüsedau von der Taborkirche. Er gab uns die Adresse von einer Frau Berlin aus der Wrangelstraße, einer 73-jährigen Frau, die sich erbot, Ulrich tagsüber zu versorgen. Für Wolfgang besorgte er uns einen Kindergartenplatz im Kindergarten der Tabor-Gemeinde in der Cuvrystraße.

Für mich begann nun eine schwierige Zeit. Morgens kochte ich für Ulrich Pappchen, fütterte Wolfgang ab, packte Ulrich in den Sportwagen, trug diesen die drei Treppen hinunter, nahm Wolfgang an die Hand und schob den Wagen zur Wrangelstraße, um ihn und Ulrich bei der Frau Berlin abzuliefern. Wolfgang brachte ich dann zwei Querstraßen weiter in den Tabor-Kindergarten. Im Anschluß daran suchte ich meine Arbeitsstelle in der Schlesischen Straße auf. Nach Arbeitsschluß begann dasselbe noch einmal von rückwärts. Zu Hause fütterte ich beide ab und brachte sie ins Bett. Am Wochenende arbeitete ich im Garten und übernachtete auch manchmal dort mit den Kindern. Zu den Besuchstagen am Dienstag, Freitag und Sonntag besuchte ich Erni im Krankenhaus. Sonntags konnte ich Ulrich manchmal zu Tante Gretel nach Tempelhof bringen. Am 8. Juli 1946 durfte Erni das erste Mal aufstehen und am 27. Juli wurde sie nach einem Krankenlager von einem Vierteljahr endlich entlassen. Die Kinder hatten ihre Mutter wieder.

Unsere Verwandten sind alle gesund, von Verwundungen während des Krieges abgesehen, wieder heimgekehrt. Schwager Fritz schon vor mir und Bruder Herbert konnte Mitte März 1946 seine Familie wieder in die Arme schließen. Am 30. März feierten wir seine glückliche Heimkehr bei ihm zu Hause.

Wenn ich auch meine Arbeit hatte, so versuchte ich doch die Verbindung zu meinen ehemaligen Siemenskollegen wiederherzustellen. Ich besuchte meinen ehemaligen Chef in Marienfelde und hörte von ihm, daß eine kleine Gruppe von diesen geschlossen beim Russen in Karlshorst arbeitete. Sein Chefkollege Mietzner hätte dort die Leitung. Ich besuchte Herrn Mietzner in der Warthestraße in Neukölln. Er war mit seiner Arbeit zufrieden, würde gut bezahlt und alle vier Wochen bekämen sie ein Lebensmittelpaket zusätzlich und kostenlos. Er wollte versuchen, mich auch dort anzubringen. Es klappte. Am 15 Februar 1947 konnte ich in Karlshorst anfangen. Wir arbeiteten in einem Zimmer einer Villa, in der mehrere Zeichenbretter standen. Die russische Veraltung war im gleichen Haus. Wir mußten Geschütztürme für russische Kriegsschiffe entwerfen. Ich hatte zwar nicht viel Ahnung davon, aber wir zeichneten vor uns hin. Hin und wieder besuchte uns ein russischer Offizier, der ebenso wenig Ahnung von unserer Arbeit hatte. Eine weitere Kontrolle fand nicht statt. Die Entlohnung war höher als bei der Armag und das Lebensmittelpaket monatlich, der sogenannte Pajok, half uns doch ein bißchen weiter, aber Hunger hatten wir immer noch.

Stiefbruder Max hatte nach Dallmin bei Perleberg geheiratet und die Tischlerei des Großvaters seiner Frau Elsbeth übernommen. Der Schwiegervater von Max hatte eine Gärtnerei. Von dort bekamen wir oft Unterstützung in Form von Kartoffeln oder Roggenkorn, welches wir uns in der Schrotmühle durchdrehten, um Suppe daraus zu kochen. Zweimal fuhr ich selber dorthin und brachte Lebensmittel mit zurück. Tante Johanna aus Brieselang lud uns sonntags oft zum Mittagessen ein und dann stand immer ein großer Eintopf auf dem Tisch, der mit Kaninchenfleisch zubereitet war. Im August 1947 fuhr ich mit Wolfgang eine Woche dorthin, um Arbeiten für sie zu verrichten. In dieser Zeit waren die Pflaumen und Birnen reif. Ich erinnere mich daran, daß wir während dieser Zeit nur ununterbrochen Obst gegessen haben. Wolfgang bekam anschließend einen Ausschlag, der sicher von dem vielen Obst herrührte.

In unserem Garten gab es auch viel Arbeit. An unserem Häuschen mußte ein Bombenschaden repariert werden. Die Ecke des hinteren Zimmers war durch den Luftdruck einer Bombe eingedrückt worden und man konnte ins Freie sehen. Ein Maurer brachte das wieder in Ordnung. Eine Wasserleitung hatten wir schon im Garten. Lichtmaste für elektrische Beleuchtung waren erstellt worden und die Erdkabel zu den einzelnen Parzellen verlegt worden. Im April 1947 hatten wir auch in unserem Gartenhaus elektrisches Licht. Unsere Toilette befand sich in der Gerätekammer unseres Häuschens und der Zähler sollte auch dorthin. Der BEWAG-Mann lehnte das aber ab. Wenn der Zähler in der Kammer bleiben sollte, dann müßte die Toilette dort verschwinden. Was blieb mir anderes übrig - ich mußte mir hinter dem Haus eine neue Toilette mauern. Die Unterbringung der vielen Gartengeräte in der kleinen Kammer war sowieso problematisch. Ich beschloß, hinter dem Haus einen Schuppen anzubauen. Steine dafür sammelte ich bei uns in der Liegnitzer Straße. Hinter unserem Haus, zur Wiener Straße hin, lagen genug Trümmersteine. Ein benachbarter Gartenfreund fuhr sie uns mit einem LKW zum Garten. Zement gab es nicht, aber vor Wolfgangs Barackenschule in der Rudower Straße war ein freier Platz und dort war Lehm zu finden. So stampfte ich mir aus Lehm das Fundament und mauerte anschließend selber den Schuppen hoch.

Seit Mai wohnten wir alle wieder draußen im Garten. Zu meiner Arbeitsstelle lief ich über die Johannistaler Chaussee und durch die Königsheide, um dann mit der Straßenbahn nach Karlshorst zu fahren. Anfang Oktober war auch die Buschkrugbrücke wiederhergestellt, daß die Straßenbahn 47 bis zum Neuköllner Krankenhaus fahren konnte. Damit war auch der Weg zur Liegnitzer Straße einfacher, wohin wir Mitte Oktober zurückkehrten.

Wolfgang hatte Ende Sommer 1946 seinen ersten Schultag. Wir hatten ihn der Einfachheit halber in der Buckow-Ost eingeschult. Die Schule war in der Rudower Straße in einer alten Baracke untergebracht und da wir ihn nicht umschulen wollten, fuhr er den Winter durch mit der Straßenbahn dorthin.

In Karlshorst hatten die Russen kein Interesse mehr an unserer Arbeit. Wir wurden zum 31. Oktober 1947 gekündigt, mußten alle unsere Arbeiten zusammenpacken und abliefern und waren nun arbeitslos. Wir hatten aber schon lange von einer weiteren Siemensgruppe gehört, die bei der ehemaligen Gema in der Wendenschloßstraße in Köpenick arbeiten sollte. Die Firma stand noch unter russischer Verwaltung. Später, als sie von der DDR übernommen wurde, bekam sie den Namen RFT, Rundfunk und Fernsprechtechnik. Hier bewarben wir uns und ich konnte am 15. November 1947 mit einem Gehalt von 700,-- Mark dort anfangen. Ich arbeitete hier fast vollständig mit alten Siemenskollegen zusammen. Auch unser Chef, Herr Hoffmann, war ein alter Siemensmann aus Marienfelde. Die Arbeit war interessant und bestand hauptsächlich wieder im feinmechanischen Gerätebau, zum großen Teil für die Zivilschiffahrt.

Meine Tätigkeit bei RFT dauerte bis zum 15. Januar 1953. Während ich dort zuerst als Konstrukteur arbeitete, übernahm ich am 1. Juni 1951 den Posten eines Gruppenführers mit einem Gehalt von 800,-- Mark. Ich hatte hierbei eine kleine Gruppe von Konstrukteuren und Zeichnerinnen zu beaufsichtigen. Innerhalb dieser Tätigkeit konnte ich die Leipziger Messe besuchen, machte Geschäftsreisen zu Schiffen, für die wir arbeiteten, nach Stralsund, Rostock, Swinemünde und Schwerin, um dort mit den leitenden Herren Gespräche über unsere Arbeit zu führen.

Zwischendurch versuchte ich immer wieder, mit Siemens in Verbindung zu kommen. Eine Arbeitsmöglichkeit bot sich Ende 1950 bei Siemens-Schuckert in Nürnberg an, bei einem Gehalt von 450,-- Mark, das sich aber zerschlug, da ich die hohen Reisespesen und Umzugskosten nicht selber tragen wollte und die Firma sie mir nur als Kredit bewilligte. Bis Ende Dezember 1949, solange meine Firma noch unter dem Namen „Wissenschaftlich-Technisches Büro MSP der UdSSR" lief, bekamen wir auch noch monatlich unsere Lebensmittelpakete. Ab 1. Januar 1050 hieß die Firma RFT-Funkwerk Köpenick und damit hörten die Lebensmittelzuteilungen auf.

Die Lebensmittelversorgung war auch im Jahre 1948 immer noch das Problem Nr. 1 und leider wurde diese in dem schicksalhaften Jahr noch schlimmer. Die Querelen des Ostens, der Westberlin in den Griff bekommen wollte, nahmen immer schärfere Formen an. Am 20. Juni stellte der Westen Deutschlands seine Währung von der bisher allgemein gültigen in Westmark um. Am 23. Juni folgte der Osten mit der Ostmark. In West-Berlin wurde die Westmark am 25. Juni eingeführt. Am nächsten Tag bekam jeder Westberliner 40,-- Mark der alten Währung "Reichsmark", in Scheine der neuen umgetauscht. Damit war der erste entscheidende Keil zwischen die beiden deutschen Staaten getrieben.

Zum gleichen Zeitpunkt versuchte der Osten, West-Berlin von der Lebensmittelzufuhr abzuschneiden. Wegen angeblicher Reparaturarbeiten an der Rothenseeschleuse am Mittellandkanal kam der Wasserweg und kurz danach auch der Schienenweg nach Berlin zum Erliegen. Die mörderische Blockade begann am 24. Juni 1948. West-Berlin sollte ausgehungert werden, um so dem Osten zum Opfer zu fallen. Der amerikanische Generalgouverneur für Deutschland, General Lucius Clay, antwortete darauf mit einer Aktion, die es zuvor noch nie gegeben hatte: der Luftbrücke nach West-Berlin. Eine gigantische Aufgabe, um eine Stadt vor dem Verhungern zu bewahren. Zwei Millionen Menschen wurden ein Jahr lang durch die Luft versorgt. Lebensmittel, Heizmaterial, Teile zum Bau eines Kraftwerkes wurden eigeflogen. Minute um Minute landeten die viermotorigen Flugzeuge, „Rosinenbomber" genannt auf dem Flugplatz Tegel oder Tempelhof. Um Gewicht zu sparen, wurde alles als Extrakt gebracht. Trockenkartoffeln, Trockengemüse, Trockenmilch; wir Berliner durchlebten schreckliche Monate.

Die Grenze nach Ostberlin und zum weiteren Hinterland war aber noch offen. Was blieb weiter übrig, als in jeder freien Zeit hauptsächlich nach Kartoffeln in die Umgebung Berlins zu fahren. Das Dorf Steinhöfel, von einem Kollegen empfohlen, liegt 9 km nordöstlich von Fürstenwalde. Ich fuhr mit der Vorortbahn bis Fürstenwalde, tippelte die 9 km zu dem Dorf, erbettelte gegen teures Geld Kartoffeln und machte vollgepackt den gleichen Weg wieder zurück. Teilweise fiel man der sogenannten Volkskontrolle in die Hände, die einen Teil des Rucksackinhaltes beschlagnahmte. Aber auch die Volkspolizei machte Jagd auf Hamsterer. Es gab eine Kleinbahn von Steinhöfel nach Fürstenwalde, die ich des schlechten Anschlusses wegen kaum benutzte. Als ich im Februar 1949 doch einmal mit ihr fuhr, war der Zug bei der Einfahrt in den Bahnhof Fürstenwalde, beidseitig von Polizei umstellt. Am Bahnhofsausgang stand ein Lastwagen, auf den alles Hamstergut der Reisenden aufgeladen wurde. Uns wurde erklärt, daß wir unsere Ruchsäcke von Seelow wieder abholen könnten. Einzeln hintereinander gingen wir durch eine Sperre und die Rucksäcke mußten noch gereicht werden. Ich hatte den meinigen zwischen den Beinen und dem allgemeinen Wirrwarr merkte es niemand, daß ich mit dem Rucksack durchschlüpfte. Ich konnte die schwer erworbenen Kartoffeln zu meiner Familie bringen.

Nach elf Monaten sahen die östlichen Machthaber ein, daß die Berliner so nicht unterzukriegen waren. Am 12. Mai 1949 war der Weg nach Berlin wieder frei und der Aufstieg der Stadt begann. Bis zum September 1948 wurde die Stadt noch durch einen gemeinsamen Magistrat verwaltet, aber am 6. September war auch das vorbei. Die Spaltung setzte sich auch hier durch und am 5. Dezember 1948 übernahm der unvergessene Ernst Reuter als Oberbürgermeister die Geschicke von West-Berlin. Die Humboldt-Universität von Berlin liegt Unter den Linden, im Ostteil der Stadt. Für den Westteil der Stadt wurde in Dahlem die „Freie Universität" gegründet.

Ein Familienereignis aus dem Jahre 1948 ist noch erwähnenswert. Ernis Wunsch nach einer Marianne machte auch vor dem Knaben Ulrich nicht halt. Hatte dieser bei der Geburt dunkle Haare, so wurden sie nach und nach von alleine hellblond. Erni ließ sie wachsen, er bekam natürliche Locken, die sich zu einem süßen Bubikopf auswuchsen. Aber am 16. März wurde endgültig ein Junge aus ihm. Aus dem Bubikopf wurde ein Jungenschnitt und nach und nach wurden die Haare von allein wieder dunkler. Mitte Dezember desselben Jahres bekam Ulrich Ziegenpeter und einen Monat später die Masern mit anschließendem Fieber, aber beides überstand er gut. Am 13. Januar wurde er vier Jahre alt und zum Geburtstag bekam er von mir eine Mundharmonika.

Die Blockade war noch nicht zu Ende und die großen amerikanischen Frachtflugzeuge donnerten Tag und Nacht über Berlin, um Nahrungsmittel für die Bevölkerung heranzuschaffen. Heizmaterial war knapp und im März kam noch einmal eine große Kältewelle. Die Bäume im Tiergarten wurden immer weniger. Auch auf unserem Emmaus-Friedhof wurde jeder zweite Baum an der Hauptallee gefällt. Ich bekam aus Köpenick eine Holzzuteilung, die ich mit Wolfgang im Handwagen zum Garten brachte und in dem neu gebauten Schuppen stapelte. Als ich ein paar Tage später nachsah, war die Hälfte des Holzes verschwunden und das Schuppenfenster war eingeschlagen. Kurze Zeit danach waren auch die beiden Schaukelmaste gestohlen. Die Frontseite unseres Gartens hatte einen Jägerzaun, der vom Gartenamt gestellt war, aber an der Längsseite war er nicht vollendet worden. Sie war bislang offen und die schon gesetzten Zaunpfähle waren inzwischen auch gestohlen und zu Brennholz verarbeitet worden.

Das sollte nun anders werden. Bei einem Schlosser-meister in Köpenick ließ ich mir Zaunstiele aus Winkeleisen fertigen. Für die Eingangstür holte ich mir von einem offenen Schrottplatz am Kiehlufer Winkeleisen und nietete mir die Tür selber zusammen. Maschendraht bekam man bei uns nach Aufhebung der Blockade schon wieder und so war unser Garten nun endlich nicht mehr so leicht zu betreten. Auch äußerlich machte er nun einen geschlossenen Eindruck.

Die beiden verschiedenen Währungen waren natürlich ein Problem. Ich bekam in Köpenick nach der Währungs-reform nach wie vor Ostgeld, von dem mir aber 60 % in

Westgeld umgetauscht wurde. Im Juli 1949 wurde die Quote auf 200,-- Mark begrenzt. Um die bisher in beiden Teilen Berlins geltenden Banknoten zwischen Ost- und Westgeld zu unterscheiden, wurden bei uns Klebemarken verwendet, die auf die Banknoten aufgeklebt wurden; diese galten aber nur in Berlin. Am 20. März 1949 gab es endlich neue gedruckte Banknoten und die offizielle Bundewährung galt nun auch in Berlin. Der Wechselkurs machte wilde Sprünge und wechselte von Tag zu Tag. Konnte man heute eine Westmark für drei Ostmark erhalten, so mußte man ein paar Tage später sechs Ostmark dafür bezahlen. In Ostberlin wurden die sogenannten HO-Läden gegründet, in der die Bevölkerung für teures Geld Waren kaufen konnte, die es auf dem freien Markt nicht gab. Von meinem Betrieb bekam ich manchmal Gutscheine, mit denen ich in diesen Läden noch während der Blockade Kartoffeln, den Zentner für 65,-- Ostmark kaufen konnte. Am 12. Mai 1949 um null Uhr war das Ende der Blockade gekommen. Die Flugzeuge stellten ihre Flüge ein und ein Strom von lang entbehrten Waren erreichte Berlin auf dem Land-, Schienen und Wasserweg.

Den Sommer verbrachten wir wie üblich in unserem Garten. Schon am 20. März waren wir, kurz nach der Kälteperiode, rausgezogen und erst am 19. November gaben wir unser Domizil dort auf. Wolfgang ging immer noch in die Barackenschule von Buckow-Ost und um ihm den langen Schulweg zu ersparen, schoben wir den Umzug solange auf.

Ein Ereignis gab es im Mai 1949, denn am 12. wurde unser Neffe Klaus eingesegnet. Aber auch die Einsegnung der Tochter Ingrid unseres Freundes Walter Barz fand am selben Tage statt. So teilten wir die Feierlichkeiten und nahmen an beiden teil.

Leider muß der Chronist auch von Tod und Unglücksfällen in diesem Jahr berichten. Unser Opa Wilhelm wurde am 8. April in der Köpenicker Straße von einem Auto angefahren und kam mit einem Beinbruch ins Krankenhaus Bethanien. Am 28. Mai bekamen wir die traurige Nachricht vom Tode Onkel Max aus Brieselang und als wir unseren Opa Otto, Ernis Vater, zu seinem 60. Geburtstag am 15. Juli besuchten, war es nach längerer Krankheit schon so schlimm mit ihm, daß er ins Krankenhaus Bethanien gebracht werden mußte, wo er dann am 23. Juli verstarb. Seine Beerdigung fand am 29. Juli durch Pfarrer Drüsendau in der Taborkirche in Baumschulenweg statt. So endete für beide mit dem Ende der Notzeit auch ihr Leben.

Vor der Geburt Ulrichs, als Erni wegen ihrer Venenentzündung im Neuköllner Krankenhaus lag, lernte sie eine Frau Foehst kennen. Ihr Mann war Fleischer, der sich nach Aufhebung der Blockade am Bahnhof Sonnenallee ein Lebensmittelgeschäft eingerichtet hatte. Von Verkaufen hatten aber beide keine Ahnung. Zwischen beiden Frauen bestand seit beider Krankenhausaufenthalt eine lose Freundschaft und nun bat das Ehepaar Foehst Erni um Hilfe. Diese hatte zwar von Lebensmitteln nur soviel Ahnung, wie sie eben als Hausfrau haben konnte, aber Verkaufen hatte sie gelernt. So half sie ihnen für einen Freundschaftslohn von 50 Pfenning in der Stunde, ihr Geschäft aufzubauen. Bahnhof Sonnenallee war die erste S-Bahnstation im Westteil Berlins und die Ostbevölkerung strömte nun hierher, um an dem neuen Reichtum unserer Stadt Anteil zu haben. Der neue Laden lag gegenüber dem Bahnhof und profitierte als erster davon.

Schwager Fritz' Ehe mit seiner Frau Dora war gescheitert und er hatte sich scheiden lassen. Am 2. November 1949 erschien er zum ersten Mal mit seiner neuen Freundin Martchen Wunderlich bei uns im Garten. Zwei Jahre später heirateten sie und er hatte endlich die Frau seines Lebens gefunden.

Nach den Weihnachtsfeiertagen quengelte Ulrich etwas herum. Er aß schlecht und Erni ging mit ihm zum Fürsorgearzt. Dieser schlug eine Verschickung vor und weil im Kinderheim „Roßkopf" in Ruhleben noch ein Platz frei war, wurde er dort aufgenommen. Zu seinem 5. Geburtstag am 13.1.1950 buk Erni einen großen Kuchen. Wir besuchten unseren Sohn und für alle Kinder gab es ein Kuchenessen. Diese aber verrieten uns, daß Ulrich abends viel weinte und Sehnsucht nach seiner Mutter hatte. Einen Monat später war er wieder bei uns zu Hause.

Auch in diesem Jahr 1950 wohnten wir im Sommer wieder in unserem Garten. Erni half immer noch bei Foehst aus und kam nicht vor 20:00 Uhr nach Hause. Wolfgang betreute seinen kleinen Bruder und sollte dafür sorgen, daß er mittags schläft und auch sauber ins Bett geht. Dazu setzte er ihn auf den gemauerten Brunnenrand im Garten, um ihm die Füße zu waschen. Dabei fiel er einmal bei einer brüderlichen Rangelei vornüber und schlug sich die Stirn an der scharfen Mauerkante auf. Es blutete heftig, Wolfgang machte ihm aus Handtüchern einen Verband um den Kopf und legte ihn schlafen. Als Erni diesmal nachmittags heimkam, fand sie ihn blutverschmiert im Bett. Sie wickelte ihn in eine Decke und lief mit ihm zur Rettungsstelle im Neuköllner Krankenhaus. Dort klammerte man die Kopfplatzwunde.

In diesem Jahr verreisten wir Ende Juli das erste Mal nach dem Kriege für neun Tage nach Straußberg, wo wir uns ein Zimmer im Restaurant „Seeschloß" mieteten. Die Familie fuhr mit der Bahn und ich, wie so oft mit dem Fahrrad. Bei Volgelsdorf wurde das Rad mit einem Mal weich und der Rahmen brach mir im oberen Rohr. Es war Sonnabendnachmittag, aber der Dorschmied in Vogelsdorf hatte ein Herz und schweißte mir die Bruchstelle. Gegen 20:00 Uhr traf ich dann endlich bei meiner schon unruhig gewordenen Familie in Straußberg ein. Hier im „Seeschloß" machten wir eine Urlaubsbekanntschaft, mit der wir später noch oft zusammentreffen sollten. Es war Pfarrer Müller von der Glaubenskirche in Tempelhof. Er kannte Herbert und Gretel und vor allem Klaus, mit dem ihn später eine echte Freundschaft verband.

Mein Vater, jetzt Opa Wilhelm, klagte nach Weihnachten 1949 über Schluckbeschwerden. Er hatte zu Weihnachten Gänsebraten gegessen und ihm wäre, als hätte er einen Knochen im Halse stecken, der nicht runter wollte. Viel zu spät ging er deshalb zum Arzt. Im August mußte er ins Krankenhaus „Am Urban", wo er am 10. November an Speisröhrenkrebs verstarb. Am 15.11.1950 trugen wir ihn auf dem Emmaus-Friedhof zu Grabe.

Erni machte uns im Januar 1951 wieder schwere Sorgen mit ihrer Gesundheit. Herz, Asthma und Gallenschmerzen lösten einander ab. Nach einem neuen, schweren Asthmaanfall Anfang April überwies sie der Arzt am 13. April ins Krankenhaus „Grabensprung" bei Biesdorf, von wo sie erst am 19. Mai wieder entlassen wurde. Anschließend zogen wir in den Garten und die Gemeindeschwester von Buckow-Ost kam jetzt ein paarmal in der Woche, um ihr eine Spritze gegen ihr Asthma zu verabreichen.

In diesem Jahr wurde Ulrich eingeschult und zwar ebenso wie Wolfgang, in die Barackenschule Buckow-Ost. Als Klassenlehrerin hatte er ein Fräulein Sommerfeld, die es auf besondere Art mit den Kindern versuchte. Sie nahm diese auf den Schoß und wollte sie auch küssen. Als sie dabei bei Ulrich auf Widerstand stieß, war er bei ihr abgemeldet und als er im Dezember angeblich einmal ungezogen war, ging sie mit ihm zur Schulleiterin Frau Taschner. Am nächsten Tag, es gab Weihnachtsferien, schickte sie ihn vorzeitig nach Hause, weil sie ihn angeblich nicht mehr sehen wollte. Der Personalbogen, in den wir später Einsicht erlangten, mußte auf unser Verlangen hin geändert werden, weil dieser ein solch schlechtes, subjektives Urteil dieses Fräulein Sommerfeld enthielt, daß er dadurch hätte Schwierigkeiten haben können.

Im Sommer 1951 machten wir Urlaub in Kleinköris hinter Königswusterhausen. Unser Freund Oskar Jahn hatte uns die Adresse einer Familie Getschmann aus diesem Ort gegeben, bei denen wir wohnen konnten. Es wurde ein schöner Urlaub mit Wandern, Baden und Bootfahren. Für Wolfgang hatte ich ein großes Segelboot gebaut, welches richtig segelte und das wir auf dem nahen Tonsee und auf dem Kleinköriser See beim Baden und Bootfahren schwimmen ließen. Einmal beim Bootfahren überkam mich die Lust ins Wasser zu springen und zu schwimmen. Ich hatte aber keine Badehose bei mir. Aber hier, mitten auf dem Wasser, mußte es auch mal ohne dieses Kleidungstück gehen. Also runter mit der Kleidung und nackt ins Wasser. Etwas später kletterte ich wieder ins Boot zurück kleidete mich an und wir ruderten ans Ufer zurück. Dort erwarteten uns die Kinder unserer Quartiersleute. Zu Hause angekommen, erzählten die Mädchen: „Mutti, der Herr Kinder hat im Tonsee gebadet und hatte eine weiße Badehose an." Es war schon verständlich, daß sie bei meinem von der Sonne gebräunten Körper das gebleichte Mitteiteil für eine weiße Badehose hielten. Wir mußten später noch oft über das Mißverständnis der Kinder lachen.

Wolfgang, nun elf Jahre alt, war mit mir mit dem Fahrrad in unseren Urlaubsort gefahren. Wir nutzten dieses aus, um damit zusammen eine Radfahrt in den Spreewald zu machen. Trotzdem wir etliche Kilometer herunterspulten, hielt Wolfgang die Fahrt bis zum Ende gut durch. Mein Urlaub ging am 13. August zu Ende, drei Wochen waren herum, aber Erni blieb mit den Kindern noch weitere zwei

Wochen dort. Ich besuchte sie an jedem Wochenende mit dem Fahrrad.

Das Krankenhaus in Biesdorf hatte für Erni eine Kur beantragt, die vom Osten auch für das Bad Frankenhausen, südlich des Harzes, am Kyffhäuser gelegen, bewilligt wurde. Vom 12. September bis zum 10. Oktober konnte sie sich dort bei herrlichem Wetter erholen. Ulrich war während dieser Zeit bei unserem Freund Oskar Jahn in Pflege.

Schwager Fritz heiratete sein Martchen am 15. Dezember 1951. Wie schon so oft, trübten aber gerade an diesem Tage heftige Zahnschmerzen seine Hochzeitsfeier.

Freund Oskar Jahn, mit seinen 39 Jahren schon ein älteres Semester, hatte vor einem Jahr seine Friedel kennengelernt. Am 9. Februar 1952, einen Tag vor seinem Geburtstag, feuerten wir seine Hochzeit mit 30 Personen. Erni ging es zu dieser Zeit verhältnismäßig gut und wir merkten es kaum, als es morgens um 4:30 Uhr war.

Für Wolfgang kam in diesem Jahr die Zeit der Umschulung. Von seiner Barackenschule in Buckow-Ost, sollte er jetzt in die Oberschule am Lausitzer Platz, die „August-Borsig-Schule" kommen. Der bisherige weite Weg im Winter, wurde nun zu einem gleichweiten im Sommer, um zu seiner Schule zu kommen.

Ich arbeitete immer noch bei RFT in Köpenick. Die Firma versuchte mich festzunageln und bot mir eine Wohnung in Wendenschloß an, denn nach einem im vorigen Jahr unterschriebenen Einzelvertrag, gehörte ich dadurch zur „Schaffenden Intelligenz", mit einem Gehalt von 750,-- Ostmark, welches am 1. Juli 1952 auf 1150,-- Ostmark erhöht wurde. Ein Kündigungsverhältnis von sechs Monaten war darin vorgesehen, ebenso ein zusätzliches Altersgeld von 60% des letzten Gehaltes. Unsere Kinder sollten, wie aus dem Vertrag hervorging, eine bevorzugte Ausbildung erhalten. Ich lehnte das Wohnungsangebot nach einer Rücksprache mit Erni ab, da ich immer noch, trotz aller Vorteile, die ich im Osten hatte, nach einer Stellung im Westen Berlins Ausschau hielt. Auf eine Zeitungsanzeige hin bewarb ich mich bei der DTW, der Filiale der Firma, bei der ich schon 1934 als Maschinenschlosser gearbeitet hatte. Diese hatte ihren Sitz in der Bergmannstraße und stellte die damals noch mechanischen Hamann-Rechenmaschinen her. Am 15. Januar 1953 konnte ich dort als Konstrukteur für Rechenmaschinen anfangen. Es war ein schwerer Entschluß, denn ich mußte das großzügige Gehalt von 1150,-- Ostmark mit dem entsprechenden Westmarkumtausch sowie den Gruppenführerposten gegen das eines einfachen Konstrukteurs mit einem Gehalt von 460,-- Westmark eintauschen. Es war trotzdem gut, daß dieser Schnitt gemacht wurde.

Es kam der 17. Juni 1953, der Tag des Aufstandes der Arbeiter im Osten, nachdem die dortige Regierung eine zehnprozentige Heraufsetzung der Arbeitsnormen verlangt hatte. Schon am 16. Juni demonstrierten Arbeiter in der Leipziger Straße und am 17. Juni brach überall im Osten der Aufstand los. Wir wohnten seit dem 17. April wieder im Garten und konnten beobachten, wie an der nahegelegenen Ernst-Keller-Brücke die Grenzschranken herausgerissen und die Grenzhäuschen in Brand gesteckt wurden. Russische Panzer stellte die Ruhe wieder her.

Foesthens meldeten sich Pfingsten wieder, um Erni zur Aushilfe in ihrem Laden zu bewegen und auch diesmal kriegten sie sie wieder rum. Ebenfalls zu Pfingsten gab es erneut vom Osten aus, einen entscheidenden Eingriff in den Ost-Westverkehr. Westberliner durften zwar noch in den Ostteil der Stadt, aber die Grenz zur Ostzone, der späteren „DDR" wurde für sie geschlossen. Wir hatten uns auch in diesem Jahr wieder in Kleinköris angemeldet, um unseren Urlaub dort zu verbringen, mußten uns aber wegen der geschlossenen Grenze nach einem anderen Urlaubsziel umsehen. Wir buchten deshalb zum ersten Mal eine Reise ins Bundesgebiet und zwar nach Fleckl im Fichtelgebirge.

Die Grenzabfertigung war eine einzige Schikane. Als wir nach sechsstündiger Busfahrt an dem damaligen Grenzübergang Juchhoe-Töpen ankamen, standen 50 Busse vor uns, die alle auf eine Abfertigung warteten. Nach 12 Stunden Wartezeit konnten wir mit unseren Koffern in die Baracke. Sie wurden peinlich genau untersucht, die Brieftasche mußte vorgezeigt werden, das Geld angegeben werden. Nach 22 Stunden waren wir in unserem Urlaubsort. Das war, wie gesagt im vorigen Jahr 1952.

In diesem Jahr 1953 wollten wir unseren Urlaub in Lam, im Bayerischen Wald verbringen. Die Grenzabfertigung ging jetzt zwar wesentlich schneller, aber die Koffer wurden immer noch durchsucht. Wolfgang machte während dieser Zeit eine Radpartie nach Westdeutschland, von unserem, in der Nähe wohnenden Pasto Krüger aus. Ulrich konnte nach Neckarsteinach im Rahmen einer Kinderverschickung fahren. Aus dem Bayerischen Wald zurückgekehrt, mußten wir erfahren, daß Tante Auguste, so wie wir zu ihr sagten, Vaters zweite Frau, inzwischen an einem Blutsturz verstorben war. Da sie die Mutter von Max war, der in Dallmin wohnte, wurde die Leiche dorthin überführt.

Wir wohnten jetzt 17 Jahre in unserer Einzimmerwohnung. Wolfgang war inzwischen 13 Jahre alt und die Suche nach einer größeren Wohnung war bisher ergebnislos verlaufen. Tante Auguste hatte nach Vaters Tod ihr Wohnzimmer an ein Ehepaar Stephan untervermietet und diese dachten, daß sie jetzt die ganze Wohnung übernehmen könnte. Wir erhoben aber Anspruch auf die elterliche Wohnung. Trotz großer Proteste kappte es doch. Stephans zogen in unsere Wohnung und wir übernahmen ab 1. Oktober 1953 die in der Waldemarstraße.

Erni machte aber wieder neue Sorgen mit ihrer Gesundheit. Am 11. November brachte ich sie ins Bethanien Krankenhaus. Und am nächsten Tag wurde sie dort an einer Gebärmuttersenkung operiert. Trotz ihres schwachen Herzens schien alles gut verlaufen zu sein, bis sie bemerkte, daß sie ständig feucht war. Bei der Operation war ihr der Harnleiter verletzt worden. Sie hatte aber auch hier wieder Glück; am 4.12. hatte die Wunde sich wieder geschlossen und am 18.12 war sie wieder zu Hause. Das Asthma machte Erni aber immer wieder zu schaffen. Als es Ende Januar 1954 erneut sehr schlimm wurde und sich tagelang nicht besserte, wandten wir uns an einen homöopathischen Arzt in der Blücherstraße, aber auch der konnte ihr nicht helfen.

Wolfgangs Einsegnung stand bevor. Mit seinen beinahe 14 Jahren war er schon fast 1,90m groß. Am 21. März 1954 wurde er von unserem Pfarrer Nikolitsch in der Marthakirche in der Glogauer Straße konfirmiert. Unsere Emmauskirche war immer noch eine ausgebrannte Ruine, von der nur der Turm noch stand. Die Gottesdienste fanden in dem zu einem Kirchsaal ausgebauten Gemeindehaus in der Wrangelstraße statt. Wegen der zu erwartenden Einsegnungsgäste reichte der kleine Saal aber bei weitem nicht aus. Wolfgang wünschte sich als Einsegnungsgeschenk ein neues Fahrrad und mit Hilfe aller 17 Gäste bekam er es auch. Lange Freude hatte er aber nicht an dem neuen Stück, denn sieben Monate später, nach dem Schulsport auf dem Sportplatz in der ehemaligen Wrangel-Kaserne suchte er es vergebens an dem Platz, an dem er es abgestellt hatte.

Gegen Ernis Asthma wollten wir nun endlich mal was Positives unternehmen und die Ärztin schlug eine Kur in Bad Reichenhall vor. Im Juli fand sie im benachbarten Karlstein ein Quartier für einen Aufenthalt von vier Wochen. Diese erste Kur sollte in den nächsten Jahren beinahe zur Norm werden und eine gewisse Besserung war anschließend immer zu verzeichnen.

In meinem Arbeitsleben kündigte sich wieder einmal eine Wende an. Im Oktober 1954 meldete sich ein ehemaliger Siemenskollege aus Marienfelde. Im Konstruktionsbüro in Siemensstadt würden neue Kräfte gesucht und wenn ich wollte, könnte ich dort anfangen. Ich zögerte nicht lange, kündigte bei meiner Firma DTW und fing am 1. Dezember 1954 wieder bei Siemens an. Aber auch diese neue Umstellung brachte vorerst einige Nachteile. Während bei DTW sonnabends nicht mehr gearbeitet wurde, fand diese Arbeitsverbesserung bei Siemens erst ein Jahr später statt. Ungünstig war auch der Kündigungstermin. Bei DTW fiel das Weihnachtgeld fort, weil ich vor Jahresschluß gekündigt hatte und bei Siemens gab es noch keines, weil ich nach dem Stichtag dort erst anfing. Trotzdem war ich froh, wieder dort arbeiten zu können, denn schon nach einem Jahr wurden mir die sieben Jahre von 1938 bis 1945 als Betriebszugehörigkeit angerechnet, so daß mein eigentliches Eintrittsdatum jetzt auf den 2.9.1947 lautete. Ich spielte mit dem Gedanken, im Sommer vom Garten aus, in dem wir ja jedes Jahr wohnten, die 20 km nach Siemensstadt mit dem Fahrrad zu fahren. Im Sommer 1955 setzte ich das in die Tat um und fuhr seitdem und die folgenden Jahre diese Strecke durch die Stadt zu meiner Arbeitsstelle.

Wenn Erni ihre Kur in Bad Reichenhall machte, verbanden wir diese mit einem anschließenden Urlaub in dieser Gegend, so wie im vorigen Jahr in Jettenberg und in diesem Jahr in Lofer. Ich erinnerte mich dabei an meinen Bauern in Salzburg-Gnigl und als wir in Jettenberg waren machten wir von dort aus, einen Besuch bei ihm. Die Freude uns wiederzusehen war groß. Alte Erinnerungen wurden ausgetauscht und es ergab sich, daß im Jahr darauf Ulrich seine Ferien bei ihnen verbringen durfte, während wir unseren Urlaub in Lofer verlebten. Lettners hatten inzwischen zwei Söhne bekommen, Martin und Ferdinand, etwas jünger als Ulrich, mit denen er auf dem Bauernhof spielen konnte.

Im nächsten Jahr hatten wir leider wieder einen Todesfall zu beklagen. Tante Johanna aus Brieslang starb am 15.3.1956 zwei Monate nach ihrem 80. Geburtstag.

Für Wolfgang mußten wir uns nun um eine Lehrstelle kümmern, denn Ostern 1956 war ein Schulabschluß. Lehrstellen waren aber wieder einmal knapp, doch bei Siemens bot sich die Lehre eines Industriekaufmanns an. Nach der mündlichen Prüfung am 23 Januar 1956 wurde er dort als Lehrling angenommen und am Dienstag nach Ostern, am 3.4.1956 konnte er anfangen.

In diesem Jahr bot sich für Ulrich wieder eine Verschickung an. Am Himmelfahrtstag, dem 10.5. ging es auf die Insel Sylt. Es ging aber dabei nicht ohne einen Unglücksfall ab. Bei Reiterspielen am Strand stürzte er so unglücklich, daß er mit einem gebrochenen Arm zurückkam. Erni macht in diesem Jahr wieder ihre Kur in Bad Reichenhall und als sie diese Ende Juli beendet hatte, fuhr ich zu ihr und wir verbrachten meinen Jahresurlaub gemeinsam am Hallstätter See im Salzkammergut.

Im vorigen Jahr ergab sich durch Erni in Karlstein eine Kurbekanntschaft mit einem Ehepaar Erni und Paul Klein, die sich zu einer Freundschaft entwickelte. Er war Fahrer beim Präsidenten des ev. Konsistoriums und in diesem Jahr machte dieser zu gleicher Zeit wie wir Urlaub in Bad Aussee. Herr Klein fuhr seinen Chef mit dem Auto dorthin und hatte während dieser Zeit das Auto zur Verfügung. Er und seine Frau nahmen Quartier in der Nähe von Hallstatt. So unternahmen wir einmal eine schöne Tour zusammen durch das Salzkammergut.

Wolfgang hatte einen Lehrkollegen, Peter Vogel. Mit diesem machte er während unseres Urlaubs eine Radpartie durch Westdeutschland. Tante Hedwig kam aus Meißen zu uns und betreute in dieser Zeit Ulrich und den Garten. Ulrich hatte Interesse an unserem Blasen gefunden und lernte Trompete spielen. Seit unser alter Dirigent Herr Tettenborn im Jahre 1953 starb, waren wir in unserem Posaunenchor ohne musikalische Führung. Ende August 1956 konnten wir Herrn Reichhardt als neuen Dirigenten für uns gewinnen, der mit seinen damals 70 Jahren auch noch das Britzer Blasorchester leitete. Bei ihm lernte Ulrich die Anfangsgründe des Trompete Blasens. Am 24. April 1957 hatte Ulrich noch einmal einen Unfall. In der Sonnenallee wurde er auf dem Fahrrad von einem Moped angefahren und lag mit einem verstauchten Knöchel sechs Tag im Krankenhaus Bethanien.

Ich hatte ich dieser Zeit Schmerzen im Arm und konnte diesen schlecht bewegen. Hausarzt Dr. Schulze aus der Zeughofstraße vermutete etwas mit den Zähnen und schickte mich zum Zahnarzt. Dieser stellte nach einer Röntgenuntersuchung Eiterherde fest. Er zog mir einige Zähne und Wurzeln, zusammen fünf Stück und eine Prothese war fällig. Gleichzeitig befürwortete der Hausarzt aber auch eine Kur wegen meines sogenannten Rheumas und auch eines scheinbaren Koronarschadens am Herzen, die von Mitte Juni 1957 für vier Wochen in Bad Oeynhausen bewilligt wurde. Erni teilte mit mir den Aufenthalt im Bad, mußte aber etwas früher zurück, weil Ulrich am 15. Juli eine neue Reise antrat. Er wurde nach Münsingen verschickt und kam privat zu einer Familie, die mit ihm viele Ausflüge machte.

Im Anschluß an meine Kur fuhren wir umgehend in den Urlaub und machten im August eine Pauschalreise nach Fieberbrunn, auf der uns auch Wolfgang besuchte. Die Jugend und somit auch er hatte das Reisen per Anhalter entdeckt. So konnte er fast kostenlose Reisen durch ganz Deutschland machen. Nach einem Tag Aufenthalt bei uns, an dem ich mit ihm eine Bergbesteigung machte, verabschiedete er sich am anderen Morgen, um wieder per Anhalter weiterzureisen.

Wolfgang war nun in dem Alter, in dem man sich an den Umgang mit Mädchen gewöhnen mußte. Im Herbst des Jahres meldete er sich deshalb zur Tanzstunde an und wir besuchten mit ihm am zweiten Weihnachtsfeiertag den Abschiedsball. Für Ulrich war in diesem Jahr auch die Umschulung von der Grundschule in die Oberschule fällig. Er kam in dieselbe Schule wie Wolfgang, nämlich in die August-Borsig-Schule am Lausitzer Platz. Im Oktober startete die neue Klasse zu einer sogenannten Kennenlernfahrt nach Kronach.

Unsere Emmauskirche sollte neu erstehen. Die Grundsteinlegung für das neue Kirchenschiff fand am 3. Dezember statt. Unser Posaunenchor umrahmte die Feier. Nach zwei Jahren Bauzeit konnte am 2. Advent, am 6. Dezember 1959 die Einweihung gefeiert werden.

Inzwischen versuchte die Menschen den Weltraum zu erobern. Vorläufig gelang es aber nur den Amerikanern einen sogenannten „Sputnik" in eine Erdumlaufbahn zu bringen, den wir am 2. Oktober als wir währen eines Besuches bei Hilla einen Spaziergang zum Mariendorfer Volkspark machten, als leuchtenden Stern am Himmel vorbeiziehen sahen.

Der technische Fortschritt hielt auch bei uns Einzug. Nach Weihnachten kam eine Waschmaschine ins Haus, aber erst zwei Jahre später, Anfang März 1959, konnten wir unsere Speisen in einem Kühlschrank aufbewahren. Der weitere Wohlstand wurde in der mechanischen Fortbewegung sichtbar. Hilla hatte schon 1956 mit ihrem Motorroller angefangen und kam im Juli 1958 stolz mit ihrem Heinkel-Kabinenroller angefahren. Herbert machte den Fortschritt mit und stellte im Juli 1959 seinen Volkswagen vor, für den er schon während des Krieges seinen Führerschein gemacht hatte.

Auch vor mir machte die Motorisierung nicht Halt. Im April 1958 wurde mir ein Moped, eine NSU-Quickly, angeboten. Es sollte 275,-- DM kosten. Ich kaufte das Rad und fuhr nun nicht mehr mit dem Fahrrad, sondern mit dem Moped zu meiner Arbeitsstelle nach Siemensstadt. Das hatte aber auch seine Tücken, denn das neue Fortbewegungsmittel war nur schönes Wetter gewöhnt. Fing es an zu regnen, dann setzte kurze Zeit später die Zündung aus und ich mußte sehen, wie ich weiterkam. War alles getrocknet, dann lief die Karre wieder. Schlimmer waren die Stürze. Auf vereister Fahrbahn, in einer Ölpfütze oder der schlimme Sturz beim Abbiegen in Siemensstadt, bei dem mich ein Goggomobil streifte. Eine Kopfplatzwunde, die ich mir bei dem Sturz zuzog, mußte im Rot-Kreuz-Krankenhaus genäht werden. Geschehen am Geburtstag von Klaus, am 24.4.1959.

Wolfgangs Lehre bei Siemens war für ihn nicht das Gelbe vom Ei und sein Ausbilder, Herr Bälz, war nicht so ganz zufrieden. Ich wurde zu einer Unterredung mit ihm bestellt, in der er mir seine Ansichten über den Beruf eines Industriekaufmannes und die über seinen Lehrling Wolfgang machte. „Wissen Sie, Herr Kinder", sagte er, „ich glaube, der Beruf eines Industriekaufmanns ist nicht das Richtige für Ihren Sohn. Ich könnte ihn mir vielleicht als Filmkameramann vorstellen. Außerdem, wenn er die Energie, die er aufbringt, um einen freien Tag zu erlangen, bei seiner Arbeit zeigen würde, dann wäre ich sehr zufrieden." Trotz allem fuhr Wolfgang zu seiner schriftlichen Prüfung vom 10. Bis 21.21959 nach München, machte am 12.3.1959 seine mündliche Prüfung in Berlin und fing am 14.1959 in der ZN-Berlin im Lohnbüro als Lohnbuchhalter an. Sein Lehrkollege Peter Vogel sagte Siemens bald darauf adieu und Wolfgang wollte es ihm am liebsten als Fernfahrer nachtun. Nach intensivem Zureden konnten wir ihn dazu bewegen, noch eine gewisse Zeit bei Siemens auszuhalten. Bald stand er in der Förderungsliste, wurde 1969 ZN-Revisor, zwei Jahre später Leiter des kaufmännischen Nachwuchses in Berlin und 1975 Referent für die gesamte kaufmännische Bildung und Ausbildung in Deutschland für die Firma Siemens mit Sitz in Erlangen.

Unseren Urlaub verbrachten wir im Jahre 1958 in Scharnitz. Von hier aus besuchten wir einmal die Zugspitze und hatten von oben eine herrliche Fernsicht. Wolfgang machte während dieser Zeit eine Deutschlandreise per Anhalter und tauchte eines Tages überraschend bei uns auf, um uns an unserem Urlaubsort zu besuchen. Für Erni war wieder eine Kur in Bad Reichenhall fällig. Ende August bezog sie in dem oberhalb von Reichenhall gelegenen Bayerisch-Gmain Quartier, um sich dort im Kurhaus Becker behandeln zu lassen.

Aber auch in diesem Jahr blieb sie von Krankheit nicht verschont. Sie bekam Blutungen und mußte Mitte November für zehn Tage ins Krankenhaus Bethesda, um sich wegen Polypen an der Gebärmutter operieren zu lassen. Auch meine Gesundheit war nicht zufriedenstellend. Ende 1958 bekam ich zum ersten Mal heftige Magenschmerzen. Die Behandlung erfolgte auf Magenschleimhautentzündung. Eine Röntgenuntersuchung ergab keine klare Diagnose. Die Schmerzen setzten sich von da ab, mit Unterbrechungen fort und nach meiner Meinung führten diese im Juni 1969 zu meiner Gallenblasenoperation.

Ulrich wurde inzwischen 14 Jahre alt. Er war ebenso wie Wolfgang bei Pfarrer Nikolitsch zum Konfirmandenunterricht gegangen. Am 22. März 1959 fand seine Einsegnung in der Marthakirche statt. Er wünschte sich, genau wie sein Bruder, als Einsegnungsgeschenk ein Fahrrad und er bekam es auch. In diesem Jahr wurde ein Teil des

Gemeindekirchenrats der Emmaus Gemeinde neu gewählt. Ich sagte zu, als man mich als Kandidat aufstellen wollte und wurde auch bei der Wahl am 5. April gewählt. Achtzehn Jahre gehörte ich diesem Gremium an und habe hierin aktiv die Geschicke der Emmaus Gemeinde mitentschieden.

Unsere Urlaubsfahrten führten jetzt immer weiter in die Ferne. Fulpmes war unser diesjähriges Urlaubsziel. Drei Wochen lang im Juli durchwanderten wir das Stubaital und dessen Umgebung. Im Oktober desselben Jahres wurde mir noch einmal eine Kur in Bad Oeynhausen bewilligt, an der auch Erni wieder als Kurschatten teilnahm.

Die Eroberung des Weltraums machte weitere Fortschritte. Die Sowjets waren die ersten, die mit einer unbemannten Rakete am 13.9.1959 den Mond erreichten. Aber erst fünf Jahre später, am 12.10.1964 sollte es ihnen gelingen, drei Kosmonauten in den Himmel zu schießen, die nach 24 Stunden wieder sicher auf der Erde landeten.

Wolfgang hatte Anschluß an eine DAG-Jugendgruppe gefunden, mit der er schon im vorigen Jahr eine Schwedenfahrt gemacht hatte. In diesem Jahr sollte eine ähnliche Reise stattfinden. Bei einem Klassentreffen von Wolfgangs ehemaliger Schule erzählte er davon. Eine ehemalige Klassenkameradin, Gisela Teschke, interessierte sich für dieses Reise. Wolfgang sorgte dafür, daß sie daran teilnehmen konnte und im Juni dieses Jahres gingen sie gemeinsam mit der Gruppe auf eine Norwegenreise. Das war der Beginn einer Freundschaft, die mit der Zeit immer fester wurde. Im selben Jahr kaufte sich Wolfgang ein Paddelboot, das er in Wannsee stationierte. Aber an den wenigen Wochenenden, an denen sie beide es verwenden konnten, macht sich die Anschaffung nicht rentabel und so wurde es bald wieder verkauft. Hillas Motorisierung stieg durch eine Neuerwerbung etliche Grade höher. Der

Heinkel-Kabinenroller wurde verkauft und jetzt fuhr sie mit einem NSU-Prinz ins Geschäft.

Im Jahre 1960 ging unsere Urlaubsreise nach Ischgl ins Paznauntal. 22 Stunden waren wir mit Bus und Bahn unterwegs gewesen und langten sehr müde in unserem Urlaubsort an. Es war 14:30 Uhr und nach dem Auspacken unserer Sachen wollten wir uns bis zum Abendbrot ein wenig hinlegen. Es war 6:00 Uhr am nächsten Morgen, als wie aufwachten. Es war der 24. Juli. Wir schauten aus dem Fenster und sahen dicke Schneeflocken vom Himmel fallen. Bis zur Talsohle, des 1200 m hoch gelegenen Ortes war alles weiß von Schnee. Der Bauer mußte am Nachmittag auf die Alm fahren, um mit seinem Jeep seinen Kühen Heu zu bringen. Wir nutzten die Gelegenheit und fuhren mit ihm. Bis zu den Knien sahen wir dort die Tiere im Schnee stehen. Eine Woche später machten wir noch einmal die gleiche Tour zu Fuß. Diesmal strahlte die Sonne vom Himmel und alles leuchtete in herrlichem Grün.

Eine Fahrt in einem Touren-Pkw ist uns noch in bleibender Erinnerung geblieben. Die Dreiländerfahrt Österreich, Liechtenstein, Schweiz. Wir schlenderten durch Vaduz, aßen in Davos Mittag und fuhren zurück durch das herrliche Engadin. Auf der Urlaubsrückfahrt besuchten wir Innsbruck. Erni fuhr von hier aus weiter zur Kur über Salzburg nach Großgmain. Ich mußte von Innsbruck nach Berlin zurück, fuhr aber drei Wochen später noch einmal für eine Woche nach Großgmain. Auf der Heimreise über München machten wir einen Abstecher in Dachau. Hier besuchten wir einen alten Posaunenchorbläser, Erwin Siewert, der durch die Evakuierung seiner Familie hierher verschlagen war und immer noch in einer Abteilung einer langgestreckten Baracke wohnte. Seine Frau Elfriede, seit langem gichtkrank, lag im Krankenhaus und ein Besuch bei ihr löste große Freude aus.

Ulrich war in diesem Jahr von unserem Pastor Krüger aus dem Kolkrabenweg aus in einem Ferienlager der Inneren Mission in Starnberg, von wo er am 23. August zurückkam. Im Oktober 1960 kam wieder Schweres auf uns zu. Schwiegermutter Emma Badziong wurde krank. 1947 hatte sie schon eine Mamaoperation hinter sich gebracht. Eine Brust war ihr dabei abgenommen worden. Jetzt, nach 13 Jahren, traten Metastasen auf, die am 5. November 1960 nach sechstägigem Krankenhausaufenthalt zu ihrem Tode führten. Am 10. November betteten wir sie auf dem Emmaus-Friedhof zur letzten Ruhe.

Aber auch Ernis Gesundheit war wieder nicht ganz intakt. Mitte Januar des neuen Jahres klagte Sie über schwere Leibschmerzen. Die Ärztin schickte sie zur Röntgenuntersuchung und man stellte bei ihr einen Nierenstein fest. Es ließ sich nicht umgehen: am 1. März 1961, sogar noch vor meinem Geburtstag, mußte sie ins Neuköllner Krankenhaus, wo ihr am 15. März ein bohnengroßer Nierenstein entfernt wurde. Die Wunde eiterte danach, man mußte sie an zwei Stellen noch einmal öffnen, doch am 21. April konnte man sie schon entlassen, obwohl die Wunde noch nicht ganz verheilt war.

Das Drängen auf Entlassen hatte nämlich seinen besonderen Grund. Dieser Grund war unsere Silberhochzeit, die am 2. Mai 1961 bevorstand. Wir feierten sie an diesem Tag mit unseren Kindern, ließen uns am Nachmittag von unserem Pfarrer Zühlke in der Emmauskirche einsegnen und konnten dabei die neue Orgel hören, die wir am 5. März mit unserem Posaunenchor eingeweiht hatten. Am Abend besuchten wir die Komische Oper in Ostberlin, in der wir uns mit den Kindern „La Traviata" anhörten. Am Sonnabend danach stieg dann die richtige Feier mit der ganzen Verwandtschaft und mit unseren Freunden.

Wolfgang kannte seine Gisela nun schon etwas länger. Sie hatten beschlossen, ein Leben lang zusammenzubleiben und feierten am 13. Mai 1961 ihre Verlobung. Einen Monat später gingen sie noch einmal auf eine dreiwöchige Urlaubsfahrt nach Norwegen, dem Land, in dem ihre Freundschaft begann.

Ulrich beendete in diesem Jahr 1961 die Schule und wir mußten für ihn eine Lehrstelle finden. Wir sahen eine Möglichkeit bei der Post, bei der er als Praktikant hätte anfangen können, um dann später die Laufbahn eines Fernmelde-Ingenieurs einzuschlagen. Seine Schulzeugnisse waren gut, die Aufnahmeprüfung bestand er nach Ostern, am 4. April begann dort seine Ausbildung. Aber schon im ersten Lehrjahr ließen seine Leistungen plötzlich nach. Im März des nächsten Jahres brachte er die zweite 5 in Mathematik nach Hause und im April mußten wir uns von dem Ausbilder sagen lassen, daß es mit Ulrichs weiterer Ingenieursausbildung nicht gut stände. Als er dann im September wieder zwei Fünfen brachte, hatten wir mit dem Ausbildungsleiter eine Aussprache. Das Ergebnis war, daß Ulrich auf unser Drängen hin seine weitere Ausbildung als Fernmeldehandwerker machen sollte, weil ihm die Praktikantenzeit auf seine neue Lehre angerechnet werden sollte. Hier fing er sich aber wieder und am Ende seiner Lehrzeit schloß er so gut ab, daß ihm der Ausbildungsleiter bei der Freisprechung dringend riet, doch wieder zum Ingenieurstudium zurückzukehren. Ulrich aber wollte nicht.

Für Ulrichs Leistungsabfall konnte es meiner Meinung nach nur eine Erklärung geben, die im psychologischen zu liegen schien. Im Laufe seines letzten Schuljahres sagte er mir mal so ganz nebenbei: „Ich werde jetzt mal anfangen die Bibel zu lesen." Ich nickte arglos und sagte: „Mach das mal." In dieser Zeit war er Mitglied der „Jungen Gemeinde" von Emmaus, die von unserem neuen Pfarrer Boeckh geleitet wurde. Eines Tages, kurz nachdem er seine Lehre bei der Post angefangen hatte, überraschte er uns mit der Mitteilung, daß er gerne Pfarrer werden möchte. Wir sagten ihm daß er dazu einen ungenügenden Ausbildungsstand hätte. Während seiner Schulzeit in der Oberschule gab es einen Zeitpunkt, wo er in Richtung zum Abitur hätte einschwenken können. Damals wollte er nicht und nun wäre es zu spät, sagten wir ihm. Am 5. Mai 1961 hatten wir noch einmal mit seinem Pfarrer Boeckh eine Aussprache darüber. Er könnte Ulrich einen Schulleiter, den er kenne, empfehlen, sagte er, in dessen Schule er das Abitur nachholen könnte. Wir lehnten das aber ab, weil er erst seine Ausbildung bei der Post beenden sollte. Ulrichs Pfarrerwunsch ruhte darauf erst einmal äußerlich. Er beendete seine Lehre und arbeitete anschließen noch ein halbes Jahr im Postdienst als Fernmeldehandwerker. Sein Trachten, das fehlende Abitur nachzuholen, schlummerte aber nicht. In Berlin-Schöneberg gab es die Silbermann-Abendschule, in der Schüler vom 18. Lebensjahr an aufgenommen wurden, die den Wunsch hatten, das Abitur nachzuholen. Hier meldete er sich an und am 12. 10.1964 trat er den schweren Gang an, dort innerhalb von vier Jahren in Abendkursen dieses zu erreichen. Wir glaubten nicht daran, daß er die Energie dafür würde aufbringen können, aber wir täuschten uns. Ulrich schaffte es, in der Schule das Abitur nachzuholen.

Kehren wir noch einmal in das Jahr 1961 zurück. Ulrich hatte einen Lehrkollegen, der bei den „Falken" war. Mit ihm und seiner Organisation machte er im Juli, während seines Urlaubs, eine Fahrt nach Callantaoog in Holland in ein Zeltlager. Wir hatten vor, in diesem Jahr nach Kärnten in Urlaub zu fahren und zwar nach Winklern. Am 11. August 1961 fuhren wir von Berlin ab und wußten nicht, was zwei Tage später in unserer Heimatstadt passieren sollte. Überraschen wurden am 13. August 1961 sämtliche Übergänge nach Ostberlin geschlossen und mit Stacheldrahtbarrieren versehen. Die Teilung Berlins war in ein weiteres Stadium getreten. Der unheimliche Mauerbau begann, der es von nun an allen Bewohnern Ostberlins unmöglich machen sollte, Westberlin besuchen zu können. Die Situation zwischen Ost- und Westberlin war schon vor der Grenzsperre ziemlich gespannt.

Hilla nahm das alles sehr ernst und als sich eine Gelegenheit bot, eine Stellung in Westdeutschland antreten zu können, packte sie Hals über Kopf die Sachen aus ihrer schönen Neubauwohnung am Mariendorfer Damm ein und zog mit ihrer Freundin Elli nach Sittensen, einer Kleinstadt zwischen Hamburg und Bremen, wo ihr in einer Textilfirma eine Werkswohnung angeboten wurde. Die Arbeit dort war aber mit einem derartigen Streß verbunden und die Sehnsucht nach Berlin so stark, daß sie kurz vor Weihnachten desselben Jahres wieder ihre neue Stellung kündigte und ziemlich abgebrannt in Berlin erschien, um hier von vorn anzufangen. Bei ihrer Firma Bergmann konnte sie zwar ihre alte Arbeit wiederaufnehmen, aber ihre Wohnung war weg und erst nach einigen Monaten in Untermiete konnten beide Freundinnen am 19.4.1962 eine ähnliche Wohnung, wie gehabt, in der Kurfürstenstraße 29 beziehen.

Das Jahr 1962 begann wieder mit einem Trauerfall, allerdings etwas entfernt, denn am 7.2.1962 nahmen wir im Krematorium Wilmersdorf in einer Trauerfeier Abschied von Erich Schäffus, dem Schwager meines Bruders Herbert. Freud und Leid stehen manchmal dicht beieinander. Am 26. Mail 1962 feierte unser Neffe Klaus seine Hochzeit mit Ingrid Andree. Sie fand in der Dorfkirche Tempelhof statt, an der wir teilnahmen. Zur Nachfeier war ein kleiner Kreis in den „Prälat" in Schöneberg geladen.

Im Sommer ging unsere ganze Familie auf Urlaubsreisen, aber jeder in ein anderes Zielgebiet. Ulrich fuhr am 14.7. noch einmal zu Lettners nach Salzburg, Wolfgang und Gisela machten im August Urlaub in Scharnitz und wir fuhren mit dem Liegewagen nach Spittal und von dort weiter nach Lienz. Mit dem Postbus gelangten wir in unseren Urlaubsort Matrei in Osttirol.

Am 23.6. war unsere Heimreise von Matrei geplant und am Vormittag dieses Tages erlebten wir noch eine denkwürdige Feier. Es war der erste Spatenstich zum Beginn des Baues am sogenannten Felbertauerntunnel, der später die Verbindung zwischen Matrei und Mittersill im Pinzgau herstellen sollte. Unser Freund Paul Klein war sehr krank. Er hatte schon eine Gehirnoperation wegen eines Tumors hinter sich und beide Kleins verabschiedeten uns auf dem Bahnhof Zoo. Es war ein Abschied für immer, denn am 22.8.1962 starb er.

Im August 1962 sollte Erni wieder Kur machen, die, wie schon einmal, zu Frau Hillebrand nach Großgmain führte. Ich fuhr Anfang September für eine Woche zu ihr, gleichzeitig mit unserem Freund Oskar Jahn und seiner Elfriede, die im selben Haus mit uns wohnten. Am 27.11.1962 feierten wir Ernis 50. Geburtstag mit einem Ständchen des Posaunenchors.

In Matrei lernten wir zwei Damen kennen, die uns auf einen Umsetzschein aufmerksam machten, den man bekommen sollte, wenn man eine anständige Altbauwohnung zur Verfügung stellte. Wir bemühten uns darum und es klappte. Wir bekamen den Umsetzschein. Nun fehlte nur noch die entsprechende Wohnung, die wir darauf bekommen konnten. Es traf sich wieder gut. Wolfgang hatte in seiner Scheinfirma, die er abends besuchte, einen Freund, dessen Frau bei der Wohnungsbaugesellschaft „Eintracht" beschäftigt war. Diese erstellte Wohnungen innerhalb des sozialen Wohnungsbaus. Nach einigem Hin und Her konnten wir bei dieser Gesellschaft einen Vertrag unterschreiben, der uns eine Wohnung in Britz in der Holzmindener Straße 7, in einem siebenstöckigen Wohnblock in Aussicht stellte. Ein Aufzug, der hier dazu gehörte, war uns besonders wichtig, weil Erni wegen ihres Asthmas schlecht Treppen steigen konnte. Nach all den Jahren, in denen wir so beengt und primitiv wohnten, kam uns diese Wohnung mit Bad und Zentralheizung wie ein Glücktreffer vor, als wir sie am 20. Juli 1963 endlich beziehen konnten. Ein weiterer Glücksumstand war der, daß die neue Wohnung nur knapp vier Kilometer von unserem Garten entfernt lag.

Wolfgang und Gisela wollten noch in diesem Jahr heiraten und hatten im Nebenblock eine Wohnung in Aussicht. Sie mußten aber dafür einen Baukostenzuschuß von 3600,-- DM zahlen, der bei uns wegen des Umsetzscheins entfiel. Nun hatte Wolfgang die Möglichkeit, über seine Firma Siemens in Mariendorf eine Wohnung zu bekommen, bei der er keinen Baukostenzuschuß hätte zu zahlen bauchen. Zu 90 % würde ihnen die Wohnung sicher sein, meinte Wolfgang und so rieten wir ihm, dort zuzugreifen. Aber wie es so geht, die Wohnungsangelegenheit zerschlug sich und so standen sie ohne Wohnung da. Die unsrige wurde aber im Juli frei, sie bemühten sich darum und konnten auch einen Mietvertrag mit unserem Hauswirt abschließen. Die Hochzeit der beiden fand am 26.4.1963 in der Emmauskirche statt. Unser Pfarrer Zühlke traute sie und segnete ihren Bund fürs Leben. Anschließend wurde die Hochzeit in der Wohnung der Eltern der Braut in der Muskauer Straße gefeiert. Aber wo sollten sie bis zum Juli wohnen? Unsere Wohnung brauchten wir bis dahin ja noch selber, doch unser Gartenhäuschen war frei und da es zum Sommer ging, eine günstige Ersatzwohnung. Nach unserem Auszug zogen die

beiden von dort in ihre neue Wohnung in der Waldemarstraße.

Ein politisches Ereignis kam in diesem Jahr noch auf die
Berliner zu. Am 26. Juni 1963 besuchte der Präsident der
Vereinigten Staaten von Amerika, John F. Kennedy unsere
Stadt. Hundertausende von Berlinern jubelten ihm zu, als
sei er seinen berühmten Ausspruch tat: „Ich bin ein
Berliner!" Fünf Monate später, am 12.11.1963 hörten wir im
Radio die erschreckende Meldung, daß er auf einer Fahrt in
Texas in der Stadt Dallas von einem Attentäter erschossen
wurde.

Ulrich machte in diesem Jahr mit unserem neuen
Emmauspfarrer Nocke innerhalb der Jugendgruppe eine
Fahrt nach Südtirol, in die Nähe von Bozen. Wolfang und
Gisela dagegen machten eine verspätete Hochzeitsreise
nach Griechenland und ließen sich dort von der Sonne
bescheinen. Wir beide hatte uns in diesem Jahr zu einer
Reise in ein Vertragsheim von Siemens, nach Altenschrofen
für Füssen einschreiben lassen. Vierzehn Tage lang
durchwanderten wir die schöne Gegend und genossen die
Sehenswürdigkeiten, die der Bayernkönig Ludwig II hat
erbauen lassen. Wir besichtigten das Schloß Neuschwan-
stein, Schloss Linderhof, die Wieskirche, Kloster Ettal,
Oberammergau mit einer Besichtigung des Festspielthea-
ters. Es war eine schöne Reise.

Im November gab es wieder eine Feier und zwar die der
Silberhochzeit von Giselas Eltern, die am 5.11.1963 in ihrer
Wohnung stattfand. Der Rest des alten Jahres, sowie das
neue Jahr 1964 standen im Zeichen unserer neuen
Wohnung. Ein neuer Kühlschrank, eine elektrische
Nähmaschine, ein Teppich und ein Wohnzimmerschrank
wurden angeschafft. Ulrich war nun schon 19 Jahre alt und
es war verständlich, daß er hinter seinen Altersgenossen
nicht zurückstehen wollte und der Wunsch nach einem

Moped in ihm wach wurde. Aber dann hätten wir zwei von diesen Rädern im Hause gehabt. Ich stellte ihm meiniges zur Verfügung und nun sauste er damit durch die Gegend.

In unserer Wohnung hatte Ulrich das erste Mal in seinem Leben ein eigenes Zimmer. Wir richteten es ihm nach seinem Geschmack mit einer Umbauliege und einem Schreibtisch ein. Differenzen entstanden aber dadurch, daß er abends erst munter wurde und morgens nicht aus dem Bett fand. Im Oktober 1964 wurde der erste Wunsch laut, die Familienbande zu lösen und sich ein eigenes Zimmer zu suchen, das außerhalb der elterlichen Einsicht lag. Wir konnten das zwar nicht verstehen und es blieb auch vorerst dabei, aber der Gedanke der Loslösung vom Elternhaus war nun einmal da und blieb im Raume stehen.

In diesem Jahr 1964 hatten wir unseren Urlaub in Kramsach geplant, aber Anfang Mai fuhren wir erst noch einmal gemeinsam nach Großgmain zu Frau Hillebrand, weil Erni im Kurhaus Becker in Bayerischgemain wieder etwas gegen ihr Asthma tun mußte. Zwei Wochen waren wir zusammen, besuchten während dieser Zeit auch wieder die Lettners in Salzburg, dann rief mich meine Arbeit nach Hause. Erni hatte ihre Kurz zwei Wochen später beendet und nach weiteren sieben Wochen begann unser dreiwöchiger Urlaub in Kramsach.

Zu Beginn des Sommers stellten sich neuen Gartennachbarn mit Namen Rünzel vor. Sie sind es noch heute und betreiben einen Krankentransport. Zu ihnen haben wir bis zum heutigen Tage ein gut-nachbarschaftliches Verhältnis.

Erni gab aber immer wieder zu neuen Sorgen Anlaß. Im November stürzte sie auf der vereisten Uferpromenade und schlug mit dem Hinterkopf auf den Boden. Eine leichte Gehirnerschütterung war die Folge. Es war noch einmal glimpflich abgegangen. Im Jahre 1965 gab es einen weiteren technischen Fortschritt in unserer Wohnung. Im März bekamen wir Telefon gelegt und im November konnten wir mittels eines Fernsehers bildhaft am Umweltgeschehen teilnehmen.

Mayrhofen, das wir im vorigen Jahr auf einem Ausflug von Kramsach aus kennengelernt hatten, sollte unser diesjähriges Reiseziel werden. Hier lernten wir ein Ehepaar Nöth mit ihrer kleinen Tochter kennen. Sie waren in Schweinfurt zu Hause und kamen mit ihrem kleine „Prinz" aus Italien, das sie wegen des schlechten Wetters verlassen hatten. Es wurde eine Urlaubsfreundschaft, die viele Jahre andauerte. Mit ihnen zusammen machten wir viele Ausflüge in die nähere und weitere Umgebung unseres Urlaubsortes. Im August folgte dann noch eine zweite kurze Reise nach Behringersmühle in der Fränkischen Schweiz.

Zum 1.6.1965 hatten Wolfgang und Gisela endlich die Wohnung, die sie sich seit ihrer Hochzeit gewünscht hatten. Sie lag in Mariendorf, in der Prinzenstraße 39, eine 2 ½ Zimmer-Neubauwohnung. Es war klar, daß auch bald ein Auto dazugehörte. Zehn Monate später, im April 1966 nachdem beide ihren Führerschein gemacht hatten, nannten sie einen VW ihr Eigen. Leider hatte das aber auch kurze Zeit danach Folgen. Auf der Rückreise von einer Dienstfahrt nach München, kam Wolfgang in der Nähe von Bayreuth bei vereister Fahrbahn am 22.12.1966 von der Straße ab und überschlug sich mit dem Auto. Mit Hilfe anderer Autofahrer wurde der Wagen wiederaufgerichtet und er konnte mit verbeultem Dach weiterfahren. Der Schock kam zu Hause zwar nach, doch er überstand den Unfall ohne körperliche Schäden.

Ulrich arbeitet nach Beendigung seiner Lehre als Fernmeldehandwerker bei der Post. Ein halbes Jahr später traf er zufällig, den ihm vom Jugendkreis der Marthage-meinde her bekannten Pfarrer Büchner, der zu diesem Zeitpunkt in der Dorfkirche Alt-Buckow tätig war. Er fragte ihn, ob er nicht als Jugendwart und Gemeindehelfer zu ihm in die Gemeinde kommen möchte. Ulrich ergriff die ihm dargebotene Gelegenheit, nahm Abschied von der Post und begann seine neue Tätigkeit in Alt-Buckow, ohne aber dabei seine Silbermann-Schule zu vernachlässigen. Das Moped genügte ihm jetzt nicht mehr. Im Juli 1966 kaufte er sich einen gebrauchten Motorroller.

Wir hatten in diesem Jahr zur Zeit der Weinernte eine Reise nach Meran geplant. Um die Fahrzeit abzukürzen, flogen wir nach München und wären dann sieben Stunden später mit dem Zug in unserem Urlaubsort gewesen. Aber unsere Pläne wurden durch einen Bergrutsch, der die Bahngleise bei Klausen unpassierbar gemacht hatte, zunichte gemacht. Aus unserer Reise wurde eine kleine Odyssee. Der Zug stand zwar bereit und wir hatten auch Platzkarten, aber als wir unsere Plätze einnehmen wollten, war diese von Italienern schon besetzt, die mit vielem, vielem Gepäck in ihre Heimat reisen wollten. Wie bekamen dann aber doch noch Plätze in unserem Abteil und im Verlauf der Fahrt stellten sich unsere zuerst recht unliebsamen Mitreisenden als recht angenehme Mitmenschen heraus. Doch welche Richtung nahm nun unser Zug? Statt nach Süden in Richtung zum Brenner, fuhr er zuerst nach Nordwesten, um dann hinter Karlsruhe nach Basel umzuschwenken. Wir fuhren am Vierwaldstätter See vorbei, durch den St. Gotthard Tunnel nach Mailand. Hier mußten wir umsteigen in den Zug nach Verona und dort bekamen wir den Zug über Bozen nach Meran, wo wir nach 23-stündiger Fahrzeit endlich eintrafen.

Wir hatten hier Quartier in einer Pension Eggert in Obermais, das etwas oberhalb von Meran liegt. Wir genossen die schöne Lage des Ortes, ließen uns von der Seilbahn auf die Höhen tragen, durchwanderten die Waalwege an den Rebenhängen und über den Tappeiner

Weg zum Schloß Tirol, das der Gegend seinen Namen gegeben hat. Unser Zimmer- und Balkonnachbar war ein Arzt, Dr. Freudenbichler aus Graz, der in jedem Jahr nach seinem Urlaub hier in Meran eine Traubenkur machte, um sein Gewicht zu reduzieren. Ich horchte auf, denn mein Gewicht hatte mit 85 kg schon eine unzulässige Höhe erreicht. Erni fühlte einen ähnlichen Speck an sich. Unser Urlaubsnachbar empfahl uns, an dieser Kurz teilzunehmen und führte uns zu einem ihm bekannten Weinbauern in der Nähe, der uns mit Trauben versorgte. Nach seinem Rat sollten wir uns, außer dem Frühstück, das ja im Pensionspreis enthalten war, tagsüber nur mit Trauben ernähren und zwar, wegen der Ballaststoffe, mit Pelle und Kernen. Wir folgten seinem Rat und aßen seitdem nur noch kiloweise Trauben. Vier Tage lang war wir eisern. Als wir dann aber einmal in den Laubengängen der Meraner Straßen an einer Metzgerei vorbeikamen, aus der es verlockend nach frischem Leberkäs roch, da waren alle bisherigen guten Vorsätze vergessen. Wir stürzten hinein und kauften uns für jeden eine große Scheibe davon, die wir mit einem Brötchen an Ort und Stelle verzehrten. Als wir nach unserem Urlaub wieder in Berlin eingetroffen waren und ich zu Hause auf die Waage trat, sahen meiner erstaunten Augen, daß diese nur noch 80 kg anzeigte. Lange behielt ich dieses Gewicht aber leider nicht, langsam aber sicher kletterte es wieder auf die vorherigen 85 kg.

Der Winter verging und das neue Jahr brachte uns einen neuen Trauerfall. Ernis Onkel Ernst, der Bruder ihres Vaters, starb am 15. Februar 1967 im Alter von beinahe 67 Jahren. Während dieser Todesfall nur unsere Familie betraf, trauerte das ganze deutsche Volk am 19. April den Todestag unseres Altbundeskanzlers Konrad Adenauer.

Der Urlaub in Meran, den wir im vergangenen Jahr im goldenen Herbst erlebt hatten, blieb uns in so guter

Erinnerung, daß wir ihn in diesem Jahr einmal im Frühling genießen wollten. Wir hielten Anfang Mai für einen günstigen Termin und waren etwas enttäuscht. Die Baumblüte war vorbei und die Reben zeigten nur kleine, grüne Blattspitzen. Wenigstens klappte die Reise mit Flugzeug und Bahn diesmal ohne Panne.

Bei Ulrich war der Auszug aus der elterlichen Wohnung nun endlich beschlossene Sache. Ein junger Pfarrer Kraft, der mit ihm in der Gemeinde Alt-Buckow tätig war, hatte sich nach Spandau versetzen lassen und in seiner Pfarrwohnung, im Falkenhagener Feld, bezog er ein Zimmer.

Seit wir unsere Wohnung in Britz hatten schliefen wir nur hin und wieder am Wochenende im Garten. Der Weg von knapp 4 km dorthin war zwar nur halb soweit, als der zur Waldemarstraße, aber Erni fing immer wieder davon an, daß es doch schön wäre, wenn wir auch ein Auto hätten. Ich hatte vor der Fahrprüfung eine gewisse Scheu, weil ich nicht wußte, ob meine Farbenblindheit nicht ein Hindernis dabei wäre. Ich entschloß mich dann doch dazu, als ich hörte, daß diese nicht untersucht würde. Ich meldete mich in der Nähe in einer Fahrschule am Britzer Damm an und hatte am 21. November 1967 meine erste Fahrstunde. Es war ein neuartiges Gefühl ein Auto zu lenken, denn nur das durfte ich in der ersten Stunde. Das Schalten der Gänge machte der Fahrlehrer. Ich machte gute Fortschritte, fuhr im Winter abends bei Eis und Schnee und nach einiger Zeit bereiteten mir die Ampeln mit ihrer Rot- und Grünphase keine Schwierigkeiten mehr. Am 1. März 1968 hatte ich meine letzte, die 41. Fahrstunde. Die anschließende Prüfung klappte auf Anhieb. Ich hatte meinen Führerschein und auch gleich ein Auto. Mein Fahrlehrer verband seinen Job mit der Vermittlung von Autos beim Autohaus Hetzer. Dort kauften wir einen gebrauchten weißen Opel Kadett, Baujahr 1965 mit einer KM-Leistung von 20.000 km. Zehn

Tage später fuhr ich damit zum ersten Mal zu meiner Arbeitsstätte nach Siemensstadt und einen Monat darauf machten wir zusammen die erste größere Reise mit unserem neuen Auto.

Erni hatte vor, in diesem Jahr ihre Kur in Bad Lippspringe zu machen. Anfang April fuhren wir mit unserem neuen Auto dorthin und da es über Ostern ging, blieb ich eine Woche mit dort und fuhr dann allein nach Berlin zurück. Mit dem Fahren klappte alles prima, deshalb hatte ich auch keine Hemmungen, Ende Mai mit unserem neuen Fahruntersatz einer Einladung zu Lettners nach Salzburg zu folgen. In einer Nonstop-Tour von 10,5 Stunden fuhren wir die 850 km bis nach Salzburg durch, um dann Anfang Juni wieder wohlbehalten in Berlin einzutreffen.

Unser Garten brauchte immer seine Wartung. Das Beschneiden der Bäume im Herbst besorgte ich selber, aber ohne Unfall ging das nicht vonstatten. Unser hochgewachsener Klarapfelbaum steht neben dem betonierten Weg. Ich stand auf er Leiter, um einen der oberen Äste abzusägen, als diese anfing zur Seite zu rutschen. Ich konnte mich nicht halten und stürzte mit dem Kopf auf die scharfe Wegkante. Eine stark blutende Kopfplatzwunde war das Ergebnis. Wolfgang und Gisela, die gerade mit ihrem VW bei uns im Garten waren, fuhren mich sofort zur Rettungsstelle ins Krankenhaus Neukölln, wo ich eine Tetanusspritze bekam und die Wunde genäht wurde.

Im Juli 1968 gab es Zuwachs in unserer Familie. Gisela schenkte am 7.7.1968 unserem ersten Enkel Carsten das Leben. Die Geburt war nicht einfach, sie dauerte 30 Stunden und das Ergebnis war ein 4100 g schwerer und 55 cm langer Wonneproppen. Wir waren Großeltern und die Freude darüber war groß. Leier mußte Gisela hinterher noch einmal ins Krankenhaus zurück wegen einer Entzündung der Brustwarzen. Wir Großeltern spielten nun oft

Babysitter, taten es gerne und freuten uns mit den beiden über den Kronsohn.

Ulrich hatte im März einen Erfolg zu verbuchen. Er hatte nach vier Jahren intensiver Arbeit sein Abitur bestanden. Er krönte dieses mit einer Reise nach Paris, die er im April mit seinem Motorroller nach dort unternahm. Er hatte inzwischen mit einer Organisation Verbindung aufgenommen, die sich Weltfriedensdienst (WfD) nannte. Diese unterhielt im Ausland an verschiedenen Stellen Projekte, die der Hilfe der Landesangehörigen zugutekamen. Für eines dieser Projekte in Israel hatte sich Ulrich gemeldet. Er wurde auch angenommen und sollte im September 1968 in Bethanien, in der Nähe von Jerusalem anfangen. Dazu gehörte aber eine Vorbereitung, die in Römlinghoven in der Nähe von Bonn abgehalten wurde und die auch den Kfz-Führerschein einschloß.

In diesem Jahr hatten wir wieder einen Meran-Urlaub geplant, zu dem wir am 1.9 mit unserem Auto starten wollten. Ulrich sollte diesmal mitkommen, weil er von dort aus über Genua weiter nach Israel reisen sollte. Da er nun auch seinen Führerschein hatte, konnte er mich auf der Fahrt am Steuer ablösen. Am Urlaubsort waren wir jetzt beweglicher, machten Fahrten in die Umgebung und auch eine Tagesfahrt zu Gardasee. Kurz nach dieser Fahrt verabschiedeten wir uns von ihm. Er bestieg den Zug, der ihn nach Genua zu seinem Schiff bringen sollte, mit Zielrichtung Haifa, von wo ihn seine neuen Arbeits- und Projektkollegen abholen wollten. Ein Krankenhaus für behinderte Kinder in Bethanien, am Rande der Wüste, sollte für elf Monate sein neues Arbeitsgebiet sein.

Pfarrer Zühlke, einer der drei Pfarrer der Emmaus-Gemeinde, dem wir mit seiner Frau enger verbunden waren, hatte vor einem Jahr unsere Gemeinde verlassen. Den rechten Arm hatte er im Kriege verloren und nach seiner Aussage wäre seine Lebenserwartung nicht hoch. Mit 60 Jahren trat er in den Ruhestand, ließ sich in Scheidegg in Westfalen einen Bungalow bauen und lebte seit 1967 mit seiner Frau in dem 800 Meter hoch gelegenen Ort, der auch als Luftkurort galt. Nach Beendigung unseres Meranurlaubs folgten wir einer Einladung von ihnen, um drei Tage ihre Gastfreundschaft zu genießen. Als wir uns von ihnen mit Dank verabschiedeten, wußten wir nicht, daß es ein letztes Wiedersehen mit unserem Gastgeber war. Drei Monate später, am Morgen des Heiligen Abend, brach er mit einem Herzschlag in der Küche zusammen. Von unserer Emmaus-Gemeinde wurden Erni und ich gebeten, diese bei der Beisetzung zu vertreten. Sie fand am 27.12.1968 auf dem Friedhof in Scheidegg statt.

Im Februar des Jahres 1969 brachte starke Kälte und vielen Schnee in Berlin. Am Sonnabend, dem 15. Februar, stapften wir durch tiefen Schnee zur Dorfkirche Mariendorf. Gisela hielt den warm eingepackten Carsten, unseren Enkel, im Arm. Um 14:00 Uhr sollte er in dieser Kirche getauft werden. Seine Taufpaten waren Freunde von unseren Kindern, ein Herr Müller und ein Herr Wegner.

Das Jahr 1969 wird uns beiden, Erni und mir als ein besonderes bzw. schicksalhaftes in Erinnerung bleiben. Schon zu Weihnachten hatte Ulrich in einem Brief aus Israel angedeutet, ob wir nicht die Gelegenheit seines Aufenthaltes dort zu einem Besuch über die Osterfeiertage und der Besichtigung der Heiligen Stätten ausnutzen möchten. So unerwartet diese Einladung auch kam, nahm sie doch Form bei uns an. Zwei Jahre waren seit dem 6-Tage Krieg erst vergangen und unruhig war es dort immer noch, aber darüber setzten wir uns hinweg. Einen Touristenverkehr als Pauschalreise zu verbilligten Preisen, so wie er heute üblich ist, gab es damals noch nicht. Ein Linienflug hin und zurück sollte 1572,- DM kosten. Erni nahm unverzüglich die

Recherchen für diese Reise auf sich. Über die „Deutsch-Jüdische Zusammenarbeit", der auch Ulrich angehörte, bekamen wir einen Hinweis an ein Reisebüro, das Fahrten einer Volkshochschule nach dort vermittelte. Wir konnten uns einer dieser Gruppen anschließen, bei der wir nur die anteiligen Flugkosten zu bezahlen brauchten. Am 22. März 1969 starteten wir zu unserer Fahrt ins Heilige Land.

Mit der PAN flogen wir nach München und stiegen dort in eine Maschine der EL AL um. Unterwegs bekamen wir Hunger, aber ein jüdischer Mitreisender neben uns klärte uns auf, daß wegen des Sabbats ein Essen erst nach 18:00 Uhr gereicht werden darf. Nach einer Reisezeit von 6 ½ Stunden, von Berlin aus gerechnet, landeten wir um 21:30 in Lod, dem Flughafen von Tel Aviv. Es war noch hell, als wir aus der Maschine stiegen, denn Israel hatte Sommerzeit. Die Stewardess mit ihrem schicken Käppi sagte beim Aussteigen „Schalom" zu uns.

Ulrich erwartete uns und hieß uns in Israel willkommen. Als wir das Flughafengebäude verließen, schlug uns ein betäubender Blütenduft entgegen. Wir stiegen in den VW-Transporter, mit dem uns Ulrich abholte, fuhren mit ihm durch das Judäische Gebirge zu dem 600 m hoch gelegenen Jerusalem und kamen nach 60 km Fahrt in Bethanien oder, wie der Ort hier hieß, in El Eizariye an, einem kleinen Dorf, vier Kilometer hinter Jerusalem, am Südhang des Ölberges gelegen. Herr Schwarz, der Projektleiter, begrüßte uns vor dem Haus. Die Hausbesitzerin war eine Jordanierin, deren Mann in Amerika war und von der die Projektleitung den größten Teil des Hauses gemietet hatte. Es lag am Hang und der erste Stock konnte von ebener Erde aus betreten werden, während das darunter liegende Geschoß von der Rückseite her ebenfalls so betreten werden konnte. Hier wohnte die Frau mit ihren Kindern in zwei Zimmern, während Ulrichs Zimmer, welches wir jetzt bezogen, ein Einzelzimmer mit einem gesonderten Zugang war. Das

Haus hatte, wie es dort üblich war, ein Flachdach, auf dem das Regenwasser aufgefangen und in eine Zisterne geleitet wurde. Von dort holte sich die Frau ihr Wasser, welches sie in großen Blechbüchsen auf dem Kopf in ihre Wohnung trug. Familie Schwarz bezog das Wasser jedoch aus einer Wasserleitung im Haus.

Schon am nächsten Tag mußte Herr Schwarz in Verbindung zu seinem Projekt eine Fahrt nach Hebron, 40 km südöstlich von Jerusalem machen. Ulrich sollte mit und auch wir durften daran teilnehmen. In dieser echt arabischen Stadt besuchten wir den Palast Haram-al-Khalil, in dem sich das Grab Abrahams und Isaaks befindet. Nach Bethlehem, 10 km südlich von Jerusalem gelegen, fuhren wir mit dem Bus, besuchten die Geburtskirche mit der darin befindlichen Geburtsgrotte, alles herrlich geschmückt und von Priestern verschiedener Religionsgemeinschaften bewacht. Wir gingen durch die Basarstraßen Jerusalems, besuchten die Klagemauer, an der die Juden teilweise mit umgehängtem Gebetsmantel ihre Gebete verrichteten, indem sie dabei ununterbrochen den Oberkörper nach vorn bewegen. Vor dem Felsendom zogen wir unsere Schuhe aus und betraten in Strümpfen das mohammedanische Heiligtum. Diese vielen Mosaike, der Felsen in der Mitte des Doms von dem der Sage nach Mohamed seinen Ritt in den Himmel gemacht haben soll.

Unvergeßlich, die Fahrt zu Toten Meer. Nach Osten, 25 km entfernt liegt es. Es geht immer bergab, bis wir an dem Stein vorbeikamen, der die Meereshöhe NN = Normalnull anzeigte. Weitere 400 m tiefer erblickten wir dann die riesige Fläche des Toten Meeres. Es ist wirklich ein totes Meer, denn der Salzgehalt des Wassers ist mit 24 % dermaßen hoch, daß Fische, die an der Jordanmündung hineingeschwemmt werden, binnen einer Minute sterben. Es ist ein Meer ohne Abfluß, dessen Wasserstand nur durch Verdunstung stabil gehalten wird. Wir besichtigten das in der Nähe liegende ausgegrabene Kloster bei Qumran, in dessen Nähe man vor einigen Jahren die berühmten Schriftrollen gefunden hatte, in Tongefäßen verschlossen und in Höhlen versteckt. Wir fuhren auf dem Rückweg durch die Oasenstadt Jericho, mit Palmen an der Straße und sehr, sehr warm.

Der Höhepunkt unserer Reise war die Drei-Tage-Fahrt zum See Genezareth. Wir fuhren auf den Berg Tabor und schauten in die fruchtbare Landschaft Galiläas, besuchten Nazareth, fuhren weiter nach Tiberias, hielten unsere Hände in die dortigen heißen Quellen, die so heiß waren, daß man sich die Finger darin verbrühen konnte. Wir aßen Peterfisch und übernachteten auf harten Lagern in einer Jugendherberge bei Tabgha am See Genezareth. Wir fuhren an Bananenplantagen vorbei und sahen die Früchte in großen Stauden herabhängen. Wir standen auf dem Berg der Seligpreisungen im Norden des Sees und schauten auf die Reste Kapernaums. Als wir über eine Brücke des hier ziemlich schmalen Jordan, die Golanhöhen emporfuhren, sahen wir zerschossene und verrostet syrische Panzer liegen. Wir fuhren weiter zu der zerstörten und völlig menschenleeren Stadt Kuneitra, um dann um den See herum zu unserer Jugendherberge zurückzukehren.

Am nächsten Tag ging es nach Akko, der alten Hafenstadt aus der Zeit der Kreuzfahrer, sahen das Mittelmeer vor uns liegen und beobachteten, wie eine Meeresschildkröte bei lebendigem Leib zerteilt wurde. Wir wehrten zudringliche Araberkinder ab, die um Bakschisch bettelten. In Nablus, dem biblischen Samaria, schauten wir in den Jakobsbrunnen, den dem Jesus die Samariterin getroffen haben soll. Unvergeßlich auch der lange Zug am Karfreitag von der Erlöserkirche zum Ölberg. Singend, mit Fackeln und Laternen zogen wir durch die Gassen der Jerusalemer Altstadt, um anschließend im Garten Gethsemane der Gefangennahme Jesu zu gedenken. Als wir uns am 11. April wieder mit der Volkshochschulgruppe in Lod trafen, waren wir voll von dem Erlebten der letzten drei Wochen.

Pfingsten fiel in diesem Jahr 1968 auf den 24. und 25. Mai. Seit jeher war es üblich, daß der 3. Feiertag beim Siemens arbeitsfrei war. Wir benutzten diese Tage zu einem Kurzurlaub in Hermannsburg in der Lüneburger Heide. Am folgenden Mittwoch war Sitzung des Gemeindekirchenrates und ich war gebeten worden, dazu einen kleinen Dia-Vortrag über unsere Israelreise zu halten. Gesund und munter holte ich Erni mit dem Auto vom Garten ab und sortierte anschließend die entsprechenden Dias für den Vortrag aus. Unvermutet traten dabei starke Rückenschmerzen bei mir auf. Der Schweiß brach aus allen Poren. Auch beim Liegen wurde es nicht besser. Angstvoll rief Erni Gisela an, die auch sofort mit dem Auto kam und den ärztlichen Notdienst um Hilfe bat. Aufgrund der Krankheitsbeschreibung vermuteten die Ärzte einen Infarkt und rieten die Feuerwehr zu rufen, damit ich schnellstens ins Krankenhaus käme. Mit Blaulicht und Sirene wurde ich in das Krankenhaus Neukölln gebracht. Sofort wurde ein EKG gemacht, aber noch ehe es dazu kam, erbrach ich mich. Ich war das erste Mal in meinem Leben Krankenhauspatient. Es folge die übliche Routine, strengste Bettruhe, Diät, Herz-, Lungen-, Gallenuntersuchung. Die Ärzte waren sich über die Krankheitsursache nicht einig. Die Galle würde geröntgt, aber es bildete sich nichts ab. Gut, meinte ich, dann ist diese ja in Ordnung. Im Gegenteil, sagte die Schwester, es ist gar nicht gut und ich sollte mich an der Galle operieren lassen. Ich lehnte ab, denn mir tat nichts mehr weh und ich fühlte mich wieder wohl. „Sie sind jetzt in gutem Zustand," sagte die Schwester, „aber wir haben schon Fälle hier gehabt, wo es dann zu spät war. Über

kurz oder lang tritt bei Ihnen wieder so ein Anfall auf."
Darauf stimmte ich zu.

Die Operation wurde auf den 18. Juni festgelegt. Von
10:15 Uhr bis 14:00 Uhr lag ich auf dem Operationstisch.
Erni war abends bei mir. Ich lag am Tropf, ein Schlauch
steckte in der Wunde, der den Eiter abführte. Ich hatte alles
gut überstanden. Am nächsten Morgen kam der Kranken-
pfleger. „Stehen Sie auf, Herr Kinder, ich führe Sie ans
Waschbecken." Er stellte mir einen Stuhl davor und
überließ mich meinem Schicksal. Der Schleim wollte aus
den Bronchen, ich mußte Husten und hielt mir vor
Schmerzen den Leib. Am 21. Juni, drei Tag nach der
Operation, schlich ich durch den langen Gang des
Krankenhauses, um Erni anzurufen. Sie fiel bald um, als sie
mich am Telefon hörte. Am 3. Juli, 15 Tage nach der
Operation, wurde ich entlassen. Ich verabschiedete mich
von meinem Operationsarzt, einem Griechen, mit Namen
Dr. Wlachos und bedankte mich für die gelungene
Operation. Ein Jahr später, Erni lag wieder einmal im
Krankenhaus Neukölln, trafen wir beide während der
Besuchszeit auf dem Freigelände meinen Dr. Wlachos. Ich
sprach ihn an und fragte ihn, ob er sich noch an meine
Operation erinnern könne. Nach einigem Nachdenken fiel
es ihm ein. „Ja," sagte er, „das war doch die schwere
Operation bei Ihnen mit der vereiterten Gallenblase. Der
Gallenausgang war durch Gries verschlossen, die Blase auf
das doppelte vergrößert, sie stand kurz davor zu Platzen.
Löffelweise haben wir den Eiter aus dem Bauchraum
abgeschöpft. Daß Sie sich wieder so gut erholt haben, hätte
ich damals nicht für möglich gehalten." Ich bedankte mich
nochmals bei ihm und dachte an meinen Schutzengel, die
kleine Krankenschwester, die mir so sehr zu der Operation
geraten hatte.

Zur Wiederherstellung meiner Gesundheit wurde eine
Kur für nötig gehalten. Am 4. November fuhr ich mit einem

Bus der BfA nach Bad Kissingen. Mein Gewicht, das nach der Operation auf 80 kg gesunken war, hatte inzwischen wieder seine 85 kg erreicht und bei der Eingangsuntersuchung wurde ich zu einer Reduktionsdiät verurteilt. Mit Gleichbetroffenen saß ich am Hungertisch, bekam nur Schwarzbrot, kein Salz, kein Zucker und kaum Kartoffeln. An einem Tag in der Woche bekam ich, außer etwas Obst überhaupt nichts zu essen, konnte dafür aber am Ende der Kur stolz mit 80 kg heimreisen. Erni teilte den Kuraufenthalt mit mir. Wir machten viele gemeinsame Spaziergänge und feierten auch ihren Geburtstag dort, zu dem ich mir meinen „Hungertag" nahm, damit wir den ganzen Tag für uns hatten.

Ulrich kam am 12. August von seinem Arbeitsdienst aus Israel zurück. Am 1. Oktober nahm er sein Theologiestudium an der Kirchlichen Hochschule auf, zu dessen Zulassung er sich von vor seiner Reise nach Israel hatte eintragen lassen.

Weihnachten planten wir das erste Mal, das Fest im Schnee zu verbringen. Unser Bläserfreund Oskar Jahn empfahl uns Betzenstein in der Fränkischen Schweiz, daß er schon ein paarmal besucht hatte. Eine Bäckerei im Ort mit Namen Herbst würde Quartier für uns haben. Sie hatte aber nicht und empfahl uns ein Ausweichquartier bei einer alleinstehenden Frau, die am Gerhardsfelsen wohnte und Christine Thaler hieß. In ihrem Haus auf dem Berg verbrachten wir die Weihnachts- und Neujahrstage, freundeten uns mit ihr an und haben seitdem ein herzliches Verhältnis zu ihr.

Während meiner Kur in Bad Kissingen wurde mir auch eine Gymnastikstunde zudiktiert. Die dort erlernten Übungen behielt ich auch hinterher bei. In dieser Zeit wurde in den Geschäften ein sogenannter Body-Roller angeboten. Dies war ein gummibereiftes Rad von 20 cm

Durchmesser mit einer Achse und zwei daran befindlichen Handgriffen. Damit sollte im Liegestütz zur Stärkung der Bauchmuskulatur vor und zurück gerollt werden. Fünf Jahre hielt ich diese Gymnastik durch, dann schlief sie langsam ein, aber meine 80 kg habe ich seitdem behalten.

Am 3. März 1970 feierte ich meinen 60. Geburtstag. Mein Arbeitsplatz im Konstruktionsbüro von Siemens war liebevoll mit Blumen geschmückt. Eine gemalte Glückwunschkarte mit einer Karikatur und einem Gedicht meines Kollegen Jonuleit und er Unterschrift aller Kollegen stand vor einer Blumenschale. Mein oberer Chef Herr Korpien kam persönlich und gratulierte mit einem Blumenstrauß. Alles war sehr feierlich, nur die Gesundheit von Erni nicht, diese machte wieder Sorgen.

Nach einem erneuten Herzanfall kränkelte sie vor sich hin. Dabei wollten wir Ende März einen Kurzurlaub in Bad Gandersheim machen. Ein Quartier hatte ich von meinem Arbeitsnachbar, der von dort stammte. Wir verbrachten dennoch die Tage dort, aber irgendetwas stimmte mit Erni nicht. Bei geringsten Steigungen mußte sie nach kurzer Zeit stehenbleiben, hatte Luft- und Herzbeschwerden. Ihr behandelnder Arzt, Dr. Weidert, wußte sich auch keinen Rat mehr und schickte sie ins Krankenhaus Neukölln, damit bei ihr eine Generaluntersuchung gemacht werden sollte. Etwas Positives kam aber auch dort nicht heraus. Angeblich wurde ein Stau in der linken Niere festgestellt. Nach sieben Wochen wurde sie entlassen, aber gebessert hatte sich nicht viel. Auch die Kur in Bad Salzuflen, von Mitte Juli 1970 ab, brachte keine Besserung, denn anschließend wurde ihre Luftnot immer schlimmer, daß sogar mehrmals des Nachts der Bereitschaftsarzt gerufen werden mußte.

Es wurde aber auch teilweise wieder besser, so daß wir im September für eine Woche die jetzt verwitwete Frau Zühlke in Scheidegg besuchen konnten. Auf der Rückreise verbrachten wir noch eine Woche bei Frau Thaler in Betzenstein. Drei Monate später waren wir schon wieder dort. Es war Weihnachten und die Feiertage bis über Neujahr verbrachten wir diesmal bei Bäckermeister Herbst.

Unser Kadett war jetzt über fünf Jahre alt. Drei Jahre lief er schon bei uns und es wurde Zeit, sich um ein neues Auto zu kümmern. Es kam wieder ein Kadett in Haus, aber diesmal mit Automatik und beigefarben. Das neue Kennzeichen lautete B-W 6282. Am 9. März 1971 holten wir ihn vom Autohaus Finkbeiner ab, der unseren alten weißen B-HM 678 in Zahlung nahm. Unseren diesjährigen Urlaub wollten wir in St. Leonhard bei Meran verbringen. Die Adresse hatten wir von unserem Dr. Weidert. Unser neues Auto sollte uns hinbringen. Die 1000 km-Inspektion hatte ich kurz vorher machen lassen. Hinter Pegnitz merkte ich ein unerklärliches Geräusch vom Motor her, sagte aber nichts, um Erni nicht zu beunruhigen. Kurz darauf merkte sie es aber auch und bat mich anzuhalten und nachzusehen. Ich klappte die Motorhaube auf und fand natürlich nichts. Bei Ingolstadt borgen wir von der Autobahn ab und suchten eine Opel-Werkstätte auf Es war Pfingstsonnabend und unsere Reise schien in Gefahr zu sein. Nach einer Probefahrt mit dem Kfz-Meister diagnostizierte dieser einen Getriebeschaden. Ein Automatikspezialist war aber nicht vorhanden. Der Rat, mit 80 km Geschwindigkeit nach München zu fahren und dort Hilfe zu suchen, war wegen der Feiertage problematisch. Wir schepperten die Autobahn weiter. Da, rechts auf dem Parkplatz, ein gelber Engel des ADAC. Kurze Schilderung des Fehlers, er klappte die Motorhaube auf, rüttelte am Vergaser, nahm einen Schraubenschlüssel und zog die beiden losen Vergaserschrauben fest. Wir hätten ihm einen Kuß geben können, aber sich hat er sich über das Trinkgeld mehr gefreut, das ich ihm frohen Herzens gab.

Der Jaufenpaß war noch gesperrt, über den wir im vorherigen Jahr nach Meran gelangt waren. Deshalb mußten wir die längere Strecke über Bozen und Meran nach St. Leonhard fahren, welches auf der anderen Seite des Jaufen liegt. Erni interessierte sich für Steine. Die Timmelsjochstraße war zwar für den Übergang ins Ötztal noch gesperrt, aber ein Stück konnte man doch hochfahren. Am Ende des Swertales, das von dieser Straße abzweigt, ragt der Graunatkogel in den Himmel. Hier werden von den abgehenden Lawinen Steine mitgeführt, in denen Granate eingeschlossen sind. Mit Herrn und Frau Wenzel, die mit in unserer Pension wohnten, wollten wir die Tour zum Granatsteinsammeln machen. Es war der 13. Juni, ein sonniger Tag. Herr Wenzel parkte seien Wagen, mit dem wir zusammen fuhren, am Eingang des Tales. Wir machten uns auf die Wanderung, überquerten eine abgegangene Lawine, deren Zuge schräg den Weg bedeckte und kamen an den Fuß des Granatkogels. Hier hämmerten wir auf den Steinen herum und versuchten die darin eingeschlossenen Granate herauszubrechen. Schließlich traten wir den Rückweg an und mußten dabei auch wieder die schräg abfallende Lawinenzunge überqueren. Erni ging vor mit über den schmalen, getretenen Weg rutschte aus und glitt auf dem verharschten Schnee abwärts und landete 20 Meter tiefer in einem Bach, der sich durch den Schnee gegraben hatte und hier ein kleines Stück zutage trat, um dann wieder in einer Höhlung unter dem Schnee zu verschwinden. Ich sprang ihr nach, glitt ebenfalls auf dem Schnee abwärts und fiel auf sie. Wenzels liefen von der anderen Seite heran, wir zogen sie heraus. Sie war naß und mit dem Kopf auf einen Stein geschlagen, aber im Ganzen noch einigermaßen heil. In der Nähe war eine Almhütte. Wir fuhren Erni dorthin, der Senn gab ihr einen Obstler und ließ ihre nassen Kleider am Ofen trocknen. Wenzels holten das Auto, wir luden sie ein und fuhren in unser Quartier zurück. Am nächsten Tag brachte ich Erni nach Meran zu einem Arzt. Er beglückwünschte sie zu ihrer Wiedergeburt, verschrieb ihr Salbe für ihre Prellungen am Körper und der Beule am Kopf. Im Nachhinein stellten wir fest, daß alles noch verhältnismäßig gut abgelaufen war.

Zwei Tag später waren wir auf dem Heimweg, übernachteten in Betzenstein, Berlin hatte uns wieder. Aber nicht für lange, denn zwei Monate später startete Erni erneut zu einer Kur, mit Quartier bei der Frau Hillebrand in Großgmain, um vier Wochen später, Ende September, wieder zu Hause zu sein.

Am 5. September 1971 feierte Bruder Herbert mit seiner Gretel den 40. Hochzeitstag. Er wurde groß, mit einem Essen im Wienerwaldlokal in Schildhorn begangen. Erni mußte leider darauf verzichten, weil sie in dieser Zeit ihre Kur in Bad Reichenhall machte. Weihnachten und Neujahr verbrachten wir auch in diesem Jahr wieder im Schnee. Unser Quartier war, wie im vorigen Jahr, die Bäckerei Herbst in Betzenstein. Ulrich war diesmal mit von der Partie.

Wolfgang und Gisela schwärmten von einem neuen Urlaubsziel, der Burg Lauenstein, dicht an der DDR-Grenz zu Thüringen. Während wir in Betzenstein waren, verbrachten sie die Feiertage dort. Auf unserer Rückreise besuchten wir sie dort, wohnten zwei Tage ebenfalls auf der Burg, schliefen in altertümlichen Zimmern hinter dickem Gemäuer in knarrenden Betten, umgeben von alten Kommoden mit schwer herausziehbaren Schubladen. Wir genossen es aber doch, einmal Gäste auf einer Burg zu sein. Am 6. Januar des neuen Jahres 1972 waren wir wieder zu Hause.

Wolfgangs Motorisierung ging weiter. Ende Januar kam er mit einem neuen Opel-Manta vorgefahren. Hilla wollte nicht nachstehen und vertauschte ihren alten VW 1300, den sie seit 1968 hatte, gegen den neuen VW 1302S, den sie uns Anfang Juni 1972 stolz vorführte. So waren wir jetzt alle, bis auf Ulrich, mit einem neuen Auto versehen.

Auch in diesem Jahre 1972 ist hauptsächlich von Reisen zu erzählen. Elsbeth, unsere Stiefschwägerin, hatte uns eingeladen, sie doch wieder mal in Dallmin zu besuchen. Um dem nachzukommen, brauchte man von dort eine polizeilich abgestempelte Besuchsgenehmigung, die auf der Berliner Besucherstelle für Ostbesuche vorgelegt werden mußte, worauf man dann für die angegebene Zeit die Einreiseausweise erhielt. Wir fuhren am Karfreitag los und verbrachten die Osterferien in Dallmin. Die Vorschriften für die Grenzübergänge waren damals alles anderes als freundlich. Statt den kürzesten Weg über Staaken im Nordwesten, mußten wir den Grenzübergang Sonnenallee im Südosten benutzen. Von dort mußten wir über das südliche Berlin nach Oranienburg fahren, um dann weiter über Neuruppin endlich auf die Fernstraße 5 zu kommen. Am Ostermontag, dem 2. April, waren wir abends wieder zu Hause, nachdem wir auf dem Rückweg noch kurz unsere Cousine Erika in Brieselang besucht hatten.

Vier Wochen später war schon wieder eine neue Reise geplant. Die Firma Siemens unterhält in Bad Harzburg ein Erholungsheim für Angestellte der Firma. Wir hatten Glück, daß wir auf meinen Antrag hin einen Quartierschein für einen 14-Tage-Aufenthalt in diesem Heim erhielten. Er galt vom 29.4. bis 12.5.1972. Schöne Tage verlebten wir dort in dem Haus. Spaziergänge zum Radauwasserfall, Fahrten zum Torfhaus, nach Goslar, zur Okertalsperre und nach Braunlage, wo wir zufällig unseren Arzt Dr. Weidert mit seiner Frau trafen, wechselten ab mit Baden in Warmwasserbecken der gegenüberliegenden Sole-Badeanstalt.

Kaum waren wir wieder in Berlin, kamen wir zu Pfingsten einer Einladung nach Meißen nach. Dort wohnte Hannchen Frühschulz, die Tochter unserer lieben, sogenannten Tante Hedwig, die uns in Berlin so oft während unseres Urlaubs Wolfgang und Ulrich betreut hatte. Wir besuchten ihr Grab, wir sahen auf der Albrechtsburg die Räume, in denen Johann Friedrich Böttger im Jahre 1709 das Porzellan erfunden hatte. Wir besuchten das in der Nähe gelegene Schloß Moritzburg, das Jagdschloß August des Starken, das heute Barockmuseum ist.

Schlimm war nur, daß Erni hier die gleichen Schwächezustände zeigte, wie vor zwei Jahren in Bad Gandersheim. Im Anschluß an diese Reise nahm sie ständig an Gewicht ab, hatte immer Hunger und war nicht satt zu bekommen. Als ich im Juli unseren Dr. Weidert darauf aufmerksam machte, zuckte der nur die Schultern und meinte, da könnte nur das Krankenhaus helfen. Also wieder Einweisung ins Krankenhaus Neukölln am 3. August 1972. Sechs Tage später rief eine Bettnachbarin von Erni an, ich möchte unverzüglich ins Krankenhaus kommen. Aber wie fand ich sie vor? Sie konnte mir nicht die Hand geben, der rechte Arm war gelähmt, die rechte Gesichtshälfte ebenfalls und das Sprechen fiel ihr auch schwer. Ich hörte, daß sie morgens zum Waschen an das Becken wollte, als ihr der Gesichtslappen aus der Hand fiel. Die Nachbarin hab ihn auf, sie faßte danach, er fiel ihr wieder aus der Hand. Die Nachbarin sah ihr ins Gesicht und sagte: „Frau Kinder, gehen sie schnell ins Bett, ich rufe die Schwester." Erni hatte eine Hirnembolie erlitten. Vier Wochen vorher war bei ihr eine Beinthrombose aufgetreten. Möglicherweise war diese der Auslösepunkt für den jetzigen Schaden. Man bemühte sich ärztlicherseits um sie. Sie hatte Gedächtnisstörungen, mußte Fingergymnastik machen sowie Schreibübungen.

Neun Tage später brach sie erneut mit einem Kreislaufkollaps zusammen. Fünf Wochen dauerte ihr Aufenthalt im Krankenhaus Neukölln, aber ihre völlige Wiederherstellung brauchte auch hinterher noch ein Weilchen an Zeit. Trotz aller Untersuchung nahm Erni weiterhin an Gewicht ab und kein Arzt nannte den Grund.

Für mich kam in diesen Tagen eine Feier auf mich zu, mein 25-jähriges Dienstjubiläum bei Siemens. Am 2. September 1972 wäre der große Tag gewesen, aber weil das ein Sonnabend war und an diesem Tag nicht gearbeitet wurde, fand die Feier am Freitag statt. Am selben Tag hatte auch mein Kollege Wetzel sein Jubiläum und so sollten wir beide am selben Tag geehrt werden. Wir brauchten erst um 12:00 Uhr zu erscheinen. Den Auftakt der Feier bildete ein Essen im Kasino mit dem Vorgesetzten, zu dem wir uns einige Arbeitskollegen hatten einladen dürfen. Es gab eine Suppe als Vorspeise, Hirschkeule als Hauptgericht, eine Speise hinterher und als Abschluß einen Weinbrand. Eine Tasse Kaffee, Zigarren und Zigaretten für die Raucher beschlossen das Essen. Dann begaben wir uns an den Arbeitsplatz. Dieser war mit einer silbernen 25 dekoriert, Blumen umrahmten sie. Es wurden schöne Reden gehalten, viele Hände, die mir gratulierten, mußte ich drücken. Wolfgang, der auch zu meiner Feier erschienen war, hatte mir ein Glückwunschblatt gemacht. Er fuhr mich mit den Blumen nach Hause. Anschließend besuchte ich Erni im Krankenhaus. Für den Abend hatte Wolfgang in einem Lokal am Mariendorfer Damm einen Tisch bestellt, wo wir mit Gisela ein Spanferkelessen veranstalteten. Am nächsten Tag machten Wolfgang mit Familie und ich einen Ausflug in den Spreewald. Wolfgang mit seinem neuen Manta fuhr uns nach Burg. Wir machten eine Kahnfahrt durch die verzweigten Kanäle, mit einer Kaffeepause in einem Spreewald-Restaurant vor der Rückfahrt. Wir besuchten

Lübbenau und fuhren über Märkisch-Buchholz zurück nach Berlin.

Eine wenig schöne Therapie hatte Erni aus dem Krankenhaus mitgebracht. Sie mußte jetzt einen sogenannten Quicktest machen. Dieser bestand darin, daß sie Tabletten in einer bestimmten Dosierung schlucken mußte, die die Gerinnungsfähigkeit des Blutes herabsetzten. Mindestens alle zwei Wochen mußte das Blut daraufhin untersucht werden und die Dosierung neu festgesetzt werden. Das Unbequeme daran war, daß wir jetzt auf unseren Urlaubsreisen ständig darauf achten mußten, daß in der Nähe irgendeine ärztliche Stelle war, die diesen Quicktest vornehmen konnte.

Zu meinem Geburtstag am 3. März 1973 schenkte mir Erni eine Reiseschreibmaschine. Ich freute mich sehr darüber und fing auch gleich an, mir das 10-Fingersystem in Erinnerung zu rufen, so wie ich es vor 30 Jahren als Funkfernschreiber bei der Wehrmacht hatte lernen müssen. Alle meine Briefe schrieb ich fortan eine Zeitlang mit der Maschine. Der Gedanke, mein Leben in Form einer Biographie schriftlich zu fixieren rumorte seitdem in mir herum.

Wir hatten in diesem Jahr 1973 wieder für 14 Tage Quartier in einem Vertragsheim von Siemens bekommen. Es lag in Bernau im Schwarzwald. Erni fuhr schon eine Woche früher von Berlin ab. Bruder Herbert nahm sie in seinem Auto mit, mit dem er seine Frau von einer Kur in Bad Kissingen abholen wollte. Er setzte sie in Betzenstein ab, wo ich dann am 13. April auch eintraf. Zusammen fuhren wir von dort weiter zum Schwarzwald. Dort lag noch teilweise tiefer Schnee. Viele Spaziergänge und Ausflüge konnten wir von dort aus machen und als wir bei einer Drei-Tälerfahrt einmal durch Säckingen kamen, fuhren wir direkt in den Frühling hinein.

Wolfgang und Gisela hatten in diesem Jahr ihren zehnten Hochzeitstag. Ihre Rosenhochzeit wollten sie auf der Burg Lauenstein feiern. Ihr Tag war der 26.4. aber feiern wollten sie am Sonnabend, dem 28.4.1973. Auf der Rückfahrt von Bernau machten wir in Lauenstein Station und quartierten und auf der Burg ein. Gleichzeitig mit uns waren auch Herbert, Gretel, Hilla und Elli, Ulrich sowie Rosel mit ihrer Mutter als Gäste zu der Feier erschienen. Am Abend saßen dann alle an dem festlich geschmückten Tisch im großen Burgspeisesaal, um den Tag mit einem Festessen zu würdigen. Wir konnten zwei Tage später noch Wolfang zum Geburtstag gratulieren, um dann am 3. Mai wieder in das heimatliche Berlin zurückzukehren.

Einen Monat darauf begann unser richtiger Sommerurlaub. Es war Pfingsten und unser Freund Oskar Jahn hatte uns einen Ort Grünau am Almsee in Österreich empfohlen. Dieser liegt nicht weit von Gmunden am Traunsee. Auf der Hinfahrt besuchten wir wieder unsere Familie Lettner und blieben über die Feiertage bei ihnen. Sie waren erschrocken, als sie Erni sahen, so dünn und abgemagert kannten sie sie nicht. Sie wog ja auch nur noch 53 kg. An unserem Urlaubsort machten ihr die kleinsten Steigungen Schwierigkeiten und verursachten Herzschmerzen. Wegen ihres Quicktestes mußten wir auch einen Arzt in Gmunden aufsuchen, der mit einem neuen Medikament ihrem angegriffenen Herzen zu helfen versuchte. Eine zu lange Autofahrt hielt Erni nicht durch, aber wir hatten ja auf halben Wege unser Betzenstein. Frau Thaler freute sich uns für drei Tage Quartier geben zu können.

Wolfgang hatte mit seiner Familie während dieser Zeit seinen Urlaub auf der Insel Korsika verbracht, dort lernten sie ein junges Ehepaar kennen, mit denen sie über Carsten schnell Freundschaft schlossen. Sie hießen Bernd und Christa Kamper und waren auf der Hochzeitsreise. Er war etwas jünger als Wolfgang, hatte vor kurzem sein

Medizinstudium beendet und momentan im Klinikum Westend in Berlin-Charlottenburg in der Schilddrüsen-Beratungsstelle tätig. Sie sprachen natürlich über die Krankheit von Erni, sowie über ihre ständige Gewichtsabnahme und zeigten dem Jungen Arzt auch ein paar Bilder aus letzter Zeit von ihr. Er war daran sehr interessiert, betrachtete die Bilder eingehend, ließ sich Einzelheiten schildern und riet unseren Kindern, daß ihre Mutter sich sofort in der Schilddrüsen-Beratungsstelle vorstellen sollte. In Berlin wieder angekommen, machte Gisela umgehend einen Termin für diese Stelle fest und schon am 3. Juli konnte Erni sich dort vorstellen. Bei der Untersuchung wurde eine hochgradige Überfunktion der Schilddrüse festgestellt, die eine sofortige Behandlung erforderlich machte. Eine Woche später wurde das in einem Radio-Jod-Test noch einmal untermauert, der Ende Juli eine stationäre Behandlung erforderlich machte. Innerhalb einer Nuklear-Schlucktherapie wurde ihr eine genau abgemessene Menge, mit Radium angereichertes Jod verabreicht. Das Jod wird von der Schilddrüse gierig aufgenommen und das Radium zerstört davon einen Teil. Es blieb nicht bei der einen Schlucktherapie. Erni mußte noch mehrere über sich ergehen lassen, aber die Krankheit war unter Kontrolle und ihr Hungergefühl vorbei. Mit ihrem Gewicht ging es langsam wieder aufwärts. Sagt man Zufall dazu oder Vorsehung oder auch Gottes Fügung? Ohne die Reise unserer Kinder nach Korsika und ohne das zufällige Zusammentreffen mit Bernd Kamper wäre das Ende Ernis vorprogrammiert gewesen. Seit dieser Zeit wurde er unser befreundeter Arzt und war in weiteren Notfällen immer zur Stelle.

Rentnerleben

Dieses Jahr 1973 war aber auch für mich von einschneidender Bedeutung. Vom 1.1.1973 an galt für Arbeitnehmer unter bestimmten Voraussetzungen die sogenannte „Vorgezogene Altersgrenze". Das bedeutete, daß ein 63-jähriger mit allen Rechten aus dem Arbeitsleben ausseiden und Rentner werden durfte. Ich hatte am 1.4.1973 diese Voraussetzungen erfüllt und auf Drängen Ernis entschloß ich mich für den 1.10.1973 zum Rentnerleben.

Am 27. September 1973 wurde ich mit schönen Worten und einem Abschiedsessen mit meinen Vorgesetzten im Kasino aus meiner Arbeit im Siemens Konstruktionsbüro entlassen und der Siemens-Altersfürsorge übergeben. Ulrich holte mich am Nachmittag mit seinem Auto ab und wir feierten diesen denkwürdigen Tag am Abend im kleinsten Familienkreis. Es war doch ein etwas merkwürdiges Gefühl, nun außerhalb des Arbeitslebens zu stehen und sich den ganzen Tag von jetzt an selbst einteilen zu dürfen.

Es wird so viel von Rentnerschock geredet. Nach beinahe siebenjährigem Rückblick kann ich von mir sagen, daß ich dem entgangen bin. Zu keiner Zeit habe ich seitdem irgendwelche Langeweile verspürt. Das mag zu einem Teil an der Arbeit liegen, die ich im Sommer für unseren Garten aufbringen mußte. Aber auch der Winter war voller Beschäftigungen, die zum Teil gar nicht alle bewältigt werden konnten. Wie sieht nun der Tagesablauf eines frischgebackenen Rentners aus? An die neue Zeit des Aufstehens mußte ich mich erst gewöhnen. Lange Zeit war ich um 5:30 Uhr wach, aber um 7:00 Uhr war auch später immer die Zeit zum Verlassen des Bettes, vom Winter abgesehen, wo das Aufstehen von der Morgenhelligkeit abhing.

Als erstes baute ich das im Keller deponierte Fahrrad wieder zusammen, das auseinandergenommen dort verstaut war. Da Erni immer noch sehr geschwächt war, fuhr ich mit diesem zum Einholen in die Stadt. Das Bettenmachen am Morgen war wegen des Kräfteverfalls von Erni meine Aufgabe und es ist aus Tradition bis heute so geblieben. Da es sich so ergab, daß ich morgens als erster aufstand, hatte ich auch das Badezimmer für mich und das anschließende Bereiten des Frühstücks war für mich eine Selbstverständlichkeit, während Erni ihrer Morgentoilette nachkam. So konnten wir uns anschließend sofort an den gemeinsamen Frühstückstisch setzten. Es ergab sich und dies ist bei heute so geblieben, daß sich Erni nach dem Mittagessen, das, seit ich zu Hause war, immer pünktlich um 12:00 Uhr auf dem Tisch stand, ein- bis eineinhalb Stunden hinlegen mußte. Für mich habe ich diese Mittagsruhe bisher abgelehnt. Diese Zeit verbrachte ich im Sessel im Wohnzimmer mit dem Lesen des Restes der täglichen Zeitung und der anfallenden Zeitschriften. Im Sommer waren wir sowieso im Garten und im Winter war meistens ein anschließender Spaziergang fällig. Die tägliche Kaffeepause wurde zur Tradition.

Die neu erlangte Freizeit wurde gleich mit einer neuen Urlaubsreise ausgefüllt. Erni hatte von einer Mitpatientin eine Adresse erfahren. Diese empfahl den Ort Schmittlotheim in der Nähe de Ederstausees. Wir fuhren ohne Anmeldung, weil wir darauf vertrauten daß es um diese Zeit keine Schwierigkeiten mit der Unterkunft geben würde, hatten aber nicht mit den Herbstferien der Schulen gerechnet. Unsere empfohlene Pension war aus diesem Grunde besetzt, wir bekamen aber doch noch ein nettes Zimmer bei dem Postbeamten des Ortes. Eine Woche verbrachten wir dort mit schönen Spaziergängen in dem waldreichen Gebiet.

Unser Neffe Klaus hatte uns schon so oft eingeladen, sein neues Eigenheim, ein Reihenhaus in Porz bei Köln zu besichtigen. Dieser Einladung sollten wir nun im Anschluß an unseren Urlaub nachkommen. Es war das zweite Mal, daß wir in Köln waren. Vor Jahren hatten wir schon einmal einen Kurzbesuch über Ostern mit Wolfgang gemacht. Damals wohnte Klaus mit seiner Familie noch in der Aduchtstraße in Köln. Jetzt hatten wir acht Tage Zeit, uns in Köln umzusehen und das anzuschauen, was es dort an Sehenswürdigkeiten gab. Leider passierte mir während dieses Besuches ein Mißgeschick. Um schnell zu der haltenden Straßenbahn zu kommen, übersah ich den Bordstein, stolperte und verstauchte mir beim Fallen den rechten Knöchel. Aber auch meine umgehängte Kamera, Voigtländer Vito B, fiel zu Boden. Dabei drückte sich die Fassung der Optik ein und die Lamellen des Verschlusses fielen auseinander. Bis zu unserer Abfahrt war aber der Fuß wieder soweit in Ordnung, daß die Rückfahrt, bei der wir noch für drei Tag Ernis Vetter Fritz Platner in Hannover besuchten, problemlos war.

Weihnachten und Neujahr verbrachten wir auch 1973 nicht zu Hause, sondern diesmal in Trockau, einem kleinen Ort an der Autobahn, 20 km vor Pegnitz. Wolfgang war mit seiner Familie zu dieser Zeit wieder auf seiner geliebten Burg. Am dritten Weihnachtsfeiertag machten wir von unserem Urlaubsort aus einen Besuch bei ihnen. Meine Kamera war entzwei. Was lag also näher, als ein Geburtstagsgeschenk in Form einer neuen Kamera. Die Technik war inzwischen fortgeschritten. Spiegelreflex-Kameras beherrschten den Markt und ich bekam eine japanische „Cosina" zum Geburtstag, mit der sofort Testaufnahmen gemacht wurden. Zwei Jahre lag die alte Kamera unbeachtet im Schrank. Dann holte ich sie hervor und besah mir die Ruine. Noch mehr verderben konnte man nicht daran. Ich nahm mein Uhrmacher-Schraubenzieher-Set, schraubte auseinander, was zu schrauben ging, zeichnete mir auf, wie die Teile zusammenpaßten und hatte dann die verbogene Optikhalterung in der Hand. Ich bog und hämmerte vorsichtig das Spritzgußteil, maß mit der Schiebelehre und Winkel und versuchte die einzelnen Verschlußlamellen wiedereinzusetzen und siehe da - sie hielten und fielen nicht mehr heraus. Vorsichtig setzte ich die Getriebeteile des Verschlusses wieder ein, kontrollierte die Optik, daß sie nach dem Einschrauben mit der Entfernungsskala übereinstimmte und machte die ersten Probeaufnahmen damit. Das Glücksgefühl, das einen nach solch einer gelungenen Reparatur auf einem fremden Arbeitsgebiet überkommt, ist nicht zu beschreiben.

Eine richtige Urlaubsreise ist aus diesem Jahr 1974 nicht zu vermelden, kleinere Reisen ersetzten diese. Zehn Tage lang wanderten wir in unserem liebgewonnenen Betzenstein umher. Zu Pfingsten besuchten wir einen Urlaubsort, von dem Schwester Hilla schwärmte, Neuhaus im Solling, in der Nähe von Holzminden an der Weser. Elf Tage wanderten wir in dieser schönen Gegend umher, davon drei Tage über die Feiertage mit Schwager Fritz und Schwägerin Martchen, die uns besuchten und in der gleichen Pension Unterkunft fanden. Leider wurde dieser Aufenthalt etwas getrübt durch Ernis schwere Asthmanot, die ihr bei den kleinsten Steigungen Schwierigkeiten bereitete. Mitte Oktober waren wir noch einmal für 14 Tage in Betzenstein. Ich half dort Frau Thaler bei kleineren Arbeiten, um die sie mich gebeten hatte.

Ulrich hatte in diesem Jahr einen neuen persönlichen Erfolg zu verbuchen. Er bestand am 26. April 1974 an der Kirchlichen Hochschule seine Magisterprüfung. Damit ließ er es mit dem Studium vorerst bewenden. Da er seit seiner Israelreise im Weltfriedensdienst im Vorstand mitarbeitete, nahm er eine von dieser Organisation angebotene Planstelle an und wurde hauptamtlicher Mitarbeiter dort.

Der Zonen-Grenzbezirk Dannenberg an der Elbe ist ein Gebiet, in dem immer mehr Bauern ihre Häuser und Grundstücke verkaufen, weil sie wegen der nahen Grenze zur DDR, sich unterentwickelt fühlen. Hamburger und Berliner kauften diese Grundstücke auf, um sich dann die Häuser als Wochenendsitz auszubauen. Innerhalb von Ulrichs neuem Arbeitsteam kam man überein, sich ebenfalls daran zu beteiligen. Neun Personen, Ulrich eingeschlossen, taten sich zusammen und erwarben solch ein Grundstück mit Haus in Prießeck in der Nähe von Clenze. Das Grundstück umfaßte neben dem Fachwerkbauernhaus einen großen Hof, umgeben von Scheunen und Stallgebäuden. Anschließend an den Hof gehörten noch ca. 2000 m^2 Wiesen dazu. Mitte September machten wir über ein Wochenende eine Fahrt dorthin, um auch gleichzeitig an den Umbauarbeiten etwas mitzuhelfen.

Carsten hatte in diesem Jahr am 7. Juli seinen 6. Geburtstag gefeiert. Seine Einschulung stand bevor. Am 20. August begleiteten Eltern und Großeltern den Schulanfänger zu seiner Aufnahme in seine neue Schule in der Friedenstraße in Mariendorf. Anschließend wurde dieses Ereignis zu Hause gebührend gefeiert.

Unser Kadett war inzwischen 50 000 km gelaufen und 3 ½ Jahre alt. Wir sahen uns nach einem neuen Auto um. Es sollte diesmal ein Kadett-Coupé sein, wieder mit der inzwischen gewohnten Automatik. Die neue Baureihe „C" war im vorigen Jahr herausgekommen. Unser „Neuer" war rot und hatte das Kennzeichen B-AH 1356. Zwei Tage später machten wir damit die oben beschriebene Fahrt nach Betzenstein. Aber der neue Wagen brachte uns kein Glück. Am 30. November war in Emmaus der jährliche Basar und zum Kaffeeausschank wurde ein großer Filter gebraucht, den wir von der Dorfkirchengemeinde Mariendorf geliehen bekommen sollten. Ich erbot mich, diesen abzuholen und auch wieder hinzubringen. Carsten hatte neben der Kirche seine Schule. Es war Sonnabend und er hatte um 9:30 Uhr Schluß. Wir wollten ihn von der Schule abholen und ihn mit uns nehmen, weil seine Eltern in der Stadt Einkäufe machen wollten. Vorher hatten wir schon den Filter im Kofferraum verstaut. Weil wir noch etwas aus dem Garten holen wollten, fuhren wir die Britzer Straße und weiter die Mohriner Allee entlang. Diese ist eine alte Landstraße, links und rechts mit alten Bäumen bestanden. Ich fuhr mit ca. 45 km/Std. die Alle entlang. Rechts neben uns, auf dem Gehweg, liefe ein herrenloser Schäferhund. Vier Meter vor dem Auto sprang er mit einem Mal mit einem großen Satz auf die Fahrbahn, hinter einem dicken Baum hervor. Bremsen war zwecklos. Mitten im Sprung bekam ich ihn mit dem rechten Scheinwerfer zu fassen. Der Hund wird nach rechts weggeschleudert, das Auto schleuderte nach links. Gottseidank ist der entgegenkommende Lieferwagen noch 50 m entfernt. Ich halte, der Lieferwagen als Zeuge auch. Carsten schreit, Erni versucht ihn zu beruhigen. Ich gehe zu dem Hund, er liegt auf der Seite und hechelt. Eine Viertelstunde später ist er tot. Ein Besitzer des Hundes ist nicht zu sehen. Ich gehe in ein Haus, um die Polizei zu verständigen, da kommt mir ein Mann hinterher: „Ihre Frau, gehen Sie schnell hin, sie ist zusammengebrochen." Erni sitzt in der geöffneten Autotür und hält sich ihr Herz. Zufällig kommt ein Krankentransportwagen vorbei. Er ist leer, sie laden Erni ein und bringen sie in Krankenhaus Neukölln. Nachdem die Polizei den Vorgang aufgenommen hatte, fuhr ich zu ihr. Vom Arzt hörte ich, daß er bei Erni einen Herzinfarkt festgestellt hatte und sie im Krankenhaus verbleiben müßte. Heiligabend feierten wir bei ihr im Krankenzimmer. Ich hatte ihr ein kleines Weihnachtsbäumchen gebastelt und Ulrich war mit dabei.

Am 28. Dezember durfte ich sie wieder aus dem Krankenhaus abholen.

Um die Jahreswende 1974 zu 1975 starb eine Frau, die unserer Emmaus-Gemeinde irgendwie zugetan war. Sie war keinem von uns bekannt, jedenfalls setzte sie die Gemeinde zum Alleinerben ein. Ihre Wohnung in der Dieffenbachstraße 69 mußte aufgelöst werden. Wir machten Ulrich auf diese Wohnung aufmerksam, der jetzt in der Grolmannstraße 16 in der Nähe des Savignyplatzes wohnte. Aus seiner Hinterhauswohnung hätte er jetzt in eine sonnige Vorderhauswohnung im ersten Stock gegenüber dem Urbankrankenhaus ziehen können. Die Wohnung bestand aus zwei großen Zimmern mit Küche, Korridor und Toilette. Ulrich bemühte sich mit Erfolg darum und konnte sie sich ab 1.3.1975 nach seinem Geschmack einrichten.

Aber auch bei Wolfgang tut sich in diesem Jahr beruflich sehr viel. Er kann bei Siemens in Erlangen eine verbesserte Stelle als Referent für die Kaufmännische Ausbildung antreten. Vorerst muß er dort noch möbliert in einem Zimmer wohnen und sich nebenbei um eine Wohnung bemühen. Gisela hilft ihm dabei und hat mehr Glück. In Weiher, 7 km östlich von Erlangen wird eine schöne Vierzimmerwohnung in einem gerade fertiggestellten Landhaus gefunden. Glück und Unglück liegen manchmal nahe beieinander. Gisela will nach der Wohnungssuche mit Carsten im Manta wieder nach Berlin zurückfahren, als sie nach der Auffahrt auf die Autobahn, die leicht verschneit ist, ins Schleudern kommt, ein paarmal gegen die Leitplanke kracht und einen Totalschaden des Autos hinnehmen muß. Ein leichter Schock ist die Folge, der sie nur zögernd wieder an das Autosteuer bringt. Der beschädigte Opel wird trotzdem noch einigermaßen gut bei VW in Zahlung genommen und am 18. Mai stellt uns

Wolfgang in Berlin während eines Besuchs seinen neuen VW-Passat vor.

Am 1. Juli war die neue gemietete Wohnung frei. Wolfgang bat mich, ihm bei der Renovierung zu helfen, ich sagte zu und war am 4. Juli bei ihm in Weiher. Er hatte einen genauen Plan ausgearbeitet, nach dem innerhalb einer Woche sämtliche Räume tapeziert werden sollten. Hierzu gehörte auch die Installation der neuen Einbauküche, sowie das Fliesen einer Küchenwand mit Kleinmosaik. Was kaum zu erwarten war - wir schafften die Arbeit und am 13. Juli konnte ich mit Gisela, die inzwischen mit „Mäxchen", ihrem VW-Käfer, gekommen war, die Heimfahrt nach Berlin antreten. Der Umzug von Berlin nach Weiher konnte stattfinden. In die freigewordene Wohnung in der Prinzenstraße 39 zogen am 12. August 1975 Wolfgangs Schwiegereltern aus der Muskauer Straße 49 ein.

Unser Posaunenchor plante in diesem Jahr ein Konzert in Betzenstein zu geben. Über das Wochenende vom 25.4. bis 27.4.1975 wurde dazu ein Bus gemietet und das Konzert mit großem Erfolg in der Turnhalle des Ortes abgehalten. Es war eines der letzten, die unser 89-jähriger Dirigent Karl Reichardt dirigierte. Nach 19 Jahren Dirigententätigkeit in unserem Posaunenchor nahm er Abschied von uns. Für Erni war diese Busfahrt wegen der rauchgeschwängerten Luft zu anstrengend. Wir fuhren schon neun Tage zuvor nach Betzenstein und bezogen wieder bei unserer Frau Thaler Quartier. Am 23. April erschien dort der Bürgermeister mit der Reiseleiterin des Ortes, Frau Otto und ehrte uns mit einem Diplom und einem Buch wegen eines zehnmaligen Urlaubsaufenthaltes in ihrem Ort.

Einen Monat später machten wir unsere richtige Urlaubsreise in diesem Jahr. Sie führte nach Absam, einem Vorort von Hall in Tirol. Dort hatten wir auf unserer Reise nach Meran schon zweimal übernachtet. Zwei Wochen erwanderten wir die Gegend bis in nach Innsbruck und hoch zum Gnadenwald, um auf unserer Rückreise noch einen kleinen Nachurlaub in Schwarzenstein, einem Nachbarort von Schwarzenbach am Wald im Frankenwald zu machen.

Schwager Fritz stellte im Juni stolz seinen neuen Ford-Escort vor, nachdem er mit dem gebraucht erworbenen „Auto des Jahres", dem Fiat 128, sehr viel Ärger und Reparaturen gehabt hatte. Aber auch dieses Auto bringt ihm kein Glück, denn am 6. März 1976, neun Monate später, auf einer Urlaubsfahrt in Richtung Herleshausen, überschlägt er sich beim Überholen auf der schneebedeckten Autobahn mehrmals. Fritz mit Kopfverletzungen, Martchen mit doppeltem Armbruch werden in das Krankenhaus in Eisenach eingeliefert. Das neue Auto wird als Schrott verkauft Zwei Jahre später ist er Autolos, aber im Frühjahr 1978 kommt er wieder mit einem „Kadett" angefahren.

Die neue Wohnung in Weiher war eingerichtet. Wolfgang lud uns ein, sie zu besichtigen und wir kommen dieser Einladung im September nach. Eine Woche bleiben wir bei ihnen, fahren nach Berlin zurück und sind vier Wochen später schon wieder dort, weil Wolfgang und Gisela für zehn Tage verreisen wollen und wir während dieser Zeit unseren Enkel Carsten verwahren sollen. 14 Tage bleiben wir erneut dort und sind am 20. Oktober wieder in Berlin.

Alle Familienveranstaltungen, vor allem die, die sie selbst ausrichten muß, gehen Erni an die Gesundheit. Das trifft hauptsächlich in diesem Jahr für ihren Geburtstag zu. Als alle Gäste weg sind, ist auch sie am Ende. Am nächsten Tag ist es nicht besser, im Gegenteil, ihr ist schwindelig, der Blutdruck ist auf 120 abgesunken. Abends rufen wir

unseren Arztfreund Bernd Kamper an, der jetzt Assistenz-
arzt im Behring-Krankenhaus in Zehlendorf ist. Er ist dafür,
daß sie ins Krankenhaus kommt und will für sie ein Bett frei
machen. Unser Gartennachbar Rünzel bringt sie im
Krankenwagen hin. Sie wird aufgenommen und kommt
erst vier Wochen später, zwei Tage vor Heiligabend, wieder
raus. Die Herzbehandlung dort war erfolgreich.

Ich hatte schon seit langem mit dem Gedanken gespielt,
unser Badezimmer, das mit PVC-Fliesen ausgestattet war
mit Keramikfliesen zu versehen. Im Juli hatte ich schon
geübt, indem ich unsere kleine Küche im Gartenhaus
gefliest hatte, nachdem ich sie vollkommen renoviert und
wir sie mit einem Elektroherd ausgestattet hatten. Jetzt, wo
Erni sich im Krankenhaus befand, sah ich eine günstige
Gelegenheit, mit dem Fliesen des Badezimmers zu
beginnen, denn Erni konnte nichts so sehr auf die Palme
bringen, als Unordnung in der Wohnung und die stand ja
dabei bevor. Sechs Tage bestand meine Aufgabe jetzt darin,
die Arbeit im Badezimmer zu erledigen, Erni im
Krankenhaus zu besuchen, die häuslichen Arbeiten zu
erledigen und alles wieder in einen geordneten Zustand zu
versetzen. Dann erstrahlte das Bad in neuer Schönheit.

Leider war aber Ernis Freude daran nach ihrer Rückkehr
aus dem Krankenhaus nicht überwältigend, denn sie hatte
sich statt grauer Fliesen eine andere Farbe vorgestellt. Ich
aber hatte jetzt Blut geleckt. In der Küche klebten die
gleichen grauen PVC-Fliesen an der Wand. Was lag also
näher, als auch die Küche mit neuen zu verschönen. Trotz
der Anwesenheit von Erni ging es Mitte Januar los,
nachdem wir uns vorher ein uns zusagendes Fliesenmuster
ausgesucht hatten. Acht Tage lang Unordnung in der
Wohnung, mit Hin- und Herrücken der Küchenmöbel,
dann war auch das überstanden, was Erni an den Rand der
Verzweiflung gebracht hatte. Weil wir nun schon beim
Renovieren waren, tapezierte ich das kleine Zimmer neu,

der Teppichboden daraus wurde entfernt und durch Textilfiesen ersetzt. Das gleiche geschah mit dem Korridor, dessen Läufer ebenso durch Fliesen in ähnlicher Art ersetzt wurde.

Ernis Schilddrüsenkrankheit hatte sich zwar schon wesentlich gebessert, aber eine kleine Überfunktion wurde bei einem Test am 19.1.1976 immer noch festgestellt. Mitte Februar ging sie also zum 5. Mal in die Soorstraße, um das Radiumpräparat zu schlucken. Diesmal gaben sie ihr aber trotz ihres Protestes so viel, daß eine Unterfunktion entstand, die von da ab durch ständige Tabletteneinnahme korrigiert werden mußte. War es die Schilddrüsenbehandlung oder etwas anderes, was Ernis Sensibilität beeinflußt hatte, jedenfalls war sie zehn Tage nach der Nuklearbehandlung ganz am Boden. In der Nacht zum 27.21976 ging ihr Puls auf 40 runter und ihr Blutdruck zeigte einen Wert von 160/60. Auf Anraten von Bernd Kamper hatten wir uns einen Blutdruckmesser gekauft, mit dem ich diesen täglich maß und in eine Kurve auf Millimeterpapier eintrug. Bei einem Anruf in der Notrufzentrale konnte der befragte Arzt nicht Beunruhigendes dabei finden, aber am 1. März setzten in der Nacht so heftige Herzschmerzen ein, daß ich sie morgens um 5:00 Uhr ins Neuköllner Krankenhaus bringen mußte. Ein Aufenthalt von fünf Wochen war fällig. Am 3. April durfte ich sie von dort wieder abholen.

Bemerkenswert ist, daß Erni den ganzen Winter hindurch keinerlei Asthmabeschwerden hatte, so daß sie bei der Aufnahme ins Krankenhaus einfach vergessen hatte, diese anzugeben. Am Tage ihrer Entlassung aus dem Krankenhaus machte der Stationsarzt mit Erni einen EKG-Belastungstest mit dem Fahrrad. Dabei stellte er eine so hohe Belastung ein, die sie einfach nicht erreichen konnte. Das Ergebnis war, daß sie wieder in so schwere Luftnot geriet, die auch ihre neue Ärztin Frau Dr. Müller-Kabisch mit ständigen Spritzen nicht beheben konnte. Acht Tage hielt dieser Zustand an, dann beruhigte er sich etwas, aber das alte Asthma war wieder da. Der Bereitschaftsarzt mußte nachts helfen und auch Bernd Kamper tat sein Möglichstes. Ihre neue Ärztin schlug vor, daß Erni einen Antrag auf einen Beschädigtenausweis stellen sollte. Sie stellte ihn und am 13. Juli bekam sie diesen Ausweis, auf dem eine Beschädigung von 70 % eingetragen war. Er berechtigte dazu, alle Berliner öffentlichen Verkehrsmittel kostenlos benutzen zu dürfen.

Unsere Kinder waren Weltreisende geworden. Wolfgang und Gisela machten im Juni für zehn Tage eine Autoreise nach London. Ulrich besuchte im Zuge seiner neuen Tätigkeit beim „Weltfriedensdienst" mehrmals Israel und war auch ein Vierteljahr in dem kleinen Afrikastaat Gambia innerhalb eines Wasserprojekts tätig.

Unseren diesjährigen Urlaub verlebten wir in Kipfenberg im Altmühltal. Wir erwanderten die schöne Gegend, besuchten Kelheim, fuhren mit dem Schiff durch den Donaudurchbruch zum Kloster Weltenburg, stiegen zur Befreiungshalle hoch und fuhren ein andermal in die Bischofsstadt Eichstätt mit ihren vielen alten Kirchen. Wegen Ernis Anfälligkeit bei Feiern schlugen unsere Kinder vor, Ernis Geburtstag bei ihnen in Weiher zu feiern. Am 24. November fuhren wir von Berlin los. Auf der Bundesstraße B2 lag Schneematsch. Bei Hilpoltstein geht es bergab. Ich mußte bremsen. Der Wagen rutschte auf eine Hausecke zu. Im letzten Moment löste ich die Bremse und wir kommen dich an der Ecke vorbei. Nach dem Hund nun diese Beinahe Panne. Ernis Aversion gegen das Autofahren hatte wieder neue Nahrung bekommen.

Fritz und Martchen, mit denen wir eine enge Verbindung haben, waren nun schon 25 Jahre verheiratet. Ihren Unfall im März hatten sie gut überstanden. Fritz Kopf und Martchens Knochen waren wieder heil. Ihre

Silberhochzeit wollten sie groß in einem Restaurant in der Manteuffelstraße in Tempelhofe feiern und mit vielen Freunden und Verwandten gedachten wir ihrer Grünen Hochzeit am 15.12.1951. Leider konnte sich Martchen ihrer wiedergewonnenen Gesundheit nicht lange erfreuen, denn am 10. Januar des neuen Jahres 1977 rutschte sie vor ihrer Haustür auf dem vereisten Gehsteig aus und brach sich dabei erneut den linken Unterarm.

Eine neue größere Feier fand am 16. Januar statt. Bruder Herbert feierte in einem Restaurant in der Burgmeisterstraße seinen 70 Geburtstag. Er erfreute sich immer noch bester Gesundheit und war stolz darauf, seit 14 Jahren nicht einen Tag krank gewesen zu sein. Seit er vor über 5 Jahren von seiner Firma, der Berliner Diskonto-Bank, die heute „Deutsche Bank Berlin" heißt, nach Erreichen der Altersgrenze verabschiedet wurde, hatte er einen ungeheuren Nachholbedarf am Reisen absolviert. Mit einem Reisunternehmen hatte er in einem Schlafbus auf einer vierwöchigen Reise die Sahara durchquert. Er flog mit Gretel nach Amerika, fuhr mit dem Auto zum Nordkap und nach Finnland, besuchte die Türkei, machte eine Autotour durch die CSSR und durch Rumänien und hatte vor, in diesem Jahr Kairo und die Königsgräber in Luxor zu besuchen.

Ulrich fiel das Alleinsein in seiner Wohnung oft aufs Gemüt Seine Mitarbeiter im „Weltfriedensdienst" wohnten z.T. in einer Wohngemeinschaft in einem Reihenhaus am Bahnhof Heerstraße. Hier wurde ein Zimmer frei. Er gab seine Wohnung in der Dieffenbachstraße auf und wurde am 3.3.1977 Mitglied dieser Wohngemeinschaft. Inzwischen hatte er den zweiten Teil seiner theologischen Ausbildung hinter sich gebracht und machte mit Erfolg seine Vikars Prüfung.

Unser Posaunenchor gedachte sein gelungenes Konzert vor zwei Jahren in Betzenstein zu wiederholen. Es sollte am

Sonnabend, den 30.4.1977 stattfinden. Wir benutzten die Gelegenheit, um schon am 21.4.1977 zu den Kindern nach Weiher zu fahren, bezogen drei Tage vor dem Konzert bei Frau Thaler Quartier und fuhren am 3. Mai wieder nach Hause. Drei Wochen später waren wir bei Schwägerin Elsbeth in Dallmin für fünf Tage, die uns wieder zu sich eingeladen hatte.

Am 22. Mail 1977 fanden neue Wahlen zum Gemeindekirchenrat statt. Ich hatte mich nicht mehr als Kandidat aufstellen lassen. Achtzehn Jahre war ich dabei und die neue Periode würde bis 1983 dauern. Ich räumte meinen Platz für Jüngere. Georg Pinnow, der Bruder von Gretel, er wohnte in der Nähe von uns, in der Hippelstraße, war seit Jahren ein kranker Mann. Er litt an der Parkinsonschen Krankheit, auch als Zitterkrankheit bekannt. In der letzten Zeit war er fast hilflos. Am 19. Juni erlöste der Tod ihn von seinem Leiden.

Herbert und Gretel waren von ihrer Ägyptenreise zurückgekehrt. Kairo, den riesigen Nilstaudamm und die Königsgräber in Luxor hatten sie gesehen und wegen der großen Hitze, riesige Mengen an Getränken in sich reingeschüttet. Auf dieser Reise hat Herbert aber etwas bemerkt, was ihm Sorgen bereitet. An der linken Bauchseite ist eine Geschwulst zu bemerken, die stark hervortritt. Am 17. Juni begibt er sich deshalb in das Auguste-Viktoria-Krankenhaus und die Ärzte entfernen ihm Anfang Juli eine Zyste an der Niere. Ein Gewebeteil wir bei dieser Gelegenheit entnommen und untersucht. Acht Tage später wir ihm mitgeteilt, daß er noch einmal operiert werden muß. Am 8. Juli wir bei ihm eine Niere entfernt. Er wird zwar nach Ausheilung der Operationswunde aus dem Krankenhaus entlassen, aber es besteht Krebsverdacht und er muß ambulant eine Anzahl von Bestrahlungen über sich ergehen lassen. Inzwischen war der 16. September gekommen, Gretels 70. Geburtstag. Ebenso wie bei Herbert wurde ganz groß gefeiert. Mit vielen Verwandten und Freunden fand an diesem Tag ein Essen im Restaurant Lindenhof in Tempelhof statt. Herbert konnte an dieser Feier in einigermaßen gutem Zustand teilnehmen. Es sollte die letzte sein, die wir mit ihm verleben durften. Am 11. November mußte er erneut ins Krankenhaus, wurde aber nach einiger Zeit wieder entlassen, konnte als Zuhörer am 2. Advent an unserem Adventsblasen in der Kaiser-Wilhelm-Gedächtniskirche teilnehmen und mußte am 13. Dezember wieder für ein paar Tage ins Krankenhaus. Am 13. Januar 1978 ist der letzte Krankenhausaufenthalt fällig. Es geht ihm immer schlechter. Die übriggebliebene Niere versagt ihren Dienst, sein Blut wird vergiftet. Am 29. Januar 1978 um 10:30 Uhr geht er von uns; das Herz versagte.

Kehren wir noch einmal in das Jahr 1977 zurück. Im August des Jahres machten wir unsere Urlaubsreise nach Wallenfels im Frankenwald, im Tal der wilden Rodach. Im Oktober ging es noch einmal nach Dallmin. Auch Erni muß wieder ins Krankenhaus. Vom 9. September bis zum 4. Oktober wir bei ihr der Quicktest neu eingestellt. Sie wird an Nieren und Blase geröntgt. Zwei Backenzähne müssen im Krankenhaus unter ärztlicher Vorbereitung wegen ihrer Bluterbereitschaft auf Grund des Quicktests gezogen werden.

Ulrich trat im Rahmen seiner Vikarsausbildung in den Pfarrdienst ein. Pfarrer Wehrmann von der Taborkirche, einer Tochter der Emmauskirche, ist ein Freund von Ulrich. Zu diesem geht er, um sein erstes Jahr als Vikar für die zweite theologische Prüfung zu absolvieren. Wenn er auf der Kanzel steht, um zu predigen, sind wir jetzt öfter Gast in dieser Kirche.

Das neue Jahr bringt Erni wieder schwere Atemnot. Die Spritzen der Ärztin helfen nur vorübergehend, eher schon eine dicke Cortison-Spritze, die ihr unser Bernd Kamper verabfolgt. Trotz allem schlägt er vor, sie bei sich im Behring-Krankenhaus zu behandeln. Am 19. Februar 1978 fahre ich mit ihr dort hin. Man versucht ihre Atemnot zu beheben, die sich durch tägliche Spritzen bald bessert. Man hängt ihr einen Herz-Band-Schreiber um, mit dem sie herumlaufen muß, der die Herztätigkeit unter normaler Belastung aufzeichnet.

Zu meinem Geburtstag am 3. März kann ich sie am Vormittag aus dem Krankenhaus abholen. Am Nachmittag fahren wir mit Ulrich nach Siemenswerder, essen in dem dortigen Siemensheim zu Mittag und sind zum Kaffee in Ulrichs neuem Zuhause in der Soldiner Allee. Ulrich hatte über Neujahr eine Dienstreise nach Indien organisiert und zeigte uns Dias von dieser Reise. Zwei Tage später, am 5. März 1978, machte er seine Vikar-Predigtprüfung.

Herberts Urnenbeisetzung findet am 15. März auf dem Städtischen Friedhof an der Eydtstraße statt, nachdem am 3. Februar an seinem aufgebahrten Sarg in der Dorfkirche Tempelhof die Trauerfeier vor der Verbrennung stattgefunden hatte. Pfarrer Müller, derselbe, dem wir 1949 bei unserem Urlaub in Straußberg das erste Mal begegneten, hielt die Gedächtnisrede.

Im April 1978 trennten wir uns von unserem 23 Jahre alten Radioapparat und spendeten diesen Ulrichs Wohngemeinschaft. Eine Stereoanlage von Siemens kam ins Haus und meine Vorliebe für klassische Musik, sowie für Blasmusik wurde nun in Cassetten gespeichert, die ich mittels des neuen Gerätes aus dem Radio überspielte. Ich baute mir dazu einen neuen Tisch, auf dem der Fernseher stehen konnte und darunter das neue Gerät Platz hatte.

Im April fahren wir wieder nach Weiher, um zehn Tage später in Betzenstein Quartier zu beziehen, denn unser Posaunenchor will dort wieder ein Konzert veranstalten. Dieses muß aber aus undurchsichtigen Gründen im benachbarten Pleß stattfinden. Im Anschluß daran sitzen wir alle noch in einer gemütlichen Runde im Gasthof Burkhardt in Betzenstein. Am nächsten Morgen bekommt Erni aber so starke Herzschmerzen, daß wieder ein Infarkt befürchtet werden mußte. Deshalb fahre ich mit ihr ins Krankenhaus Pegnitz. Man behält sie dort, aber der vermutete Verdacht bestätigt sich Gottseidank nicht. Drei Tage muß sie im Krankenhaus bleiben. Als ich sie am Himmelfahrtstag, dem 4. Mai, besuche, sitzt sie reisefertig da und ich kann sie mit nach Hause nehmen. Am nächsten Tag fahren wir nach Berlin zurück.

In diesem Jahr ist uns wieder ein Quartier in einem Siemens-Vertragsheim zugesprochen worden. Eidinghausen, ein kleiner Ort inmitten des Wiehengebirges, in der Nähe von Lübbecke ist am 17. Mai unser Ziel. Im Gästehaus der Pension Talfrieden finden wir 14 Tage Ruhe und Geborgenheit. Der Ort liegt in einem Talkessel, der von dem sich teilenden Kamm das Wiehengebirges gebildet wird. Einen Monat später sind wir wieder für fünf Tage bei unserer Schwägerin Elsbeth in Dallmin.

Unseren Sommerurlaub verbrachten wir in diesem Jahr in Eschlkam, im nördlichen Bayerischen Wald, nicht weit von Furth im Wald. Leider war dieser August dermaßen kalt, daß wir keine rechte Freude an unserer Reise hatten. Auch die Lage des Ortes, dessen Quartiersadresse wir von Ernis Cousine Ruth hatten, entsprach nicht unseren Erwartungen. Wir machten deshalb öfter Fahrten in die Umgebung, darunter auch in den südlicheren Teil des Gebirges, umwanderten den Großen Arbersee und wollten die Fahrt mit einer Rundreise über Bodenmais und Arnbruck beenden.

Ich hatte dabei schon mehrmals bemerkt, daß der Wagen bockte. Beim Gas geben zum Anfahren setzte der Motor öfter aus. Besonders peinlich war es, als wir bei einer durch Bauarbeiten verengten Straße halten mußten, um den

Gegenverkehr durchzulassen. Als die Straße für mich frei war, trat ich das Gaspedal und der Motor war weg. Das geschah mehrmals hintereinander. Inzwischen fuhr der Gegenverkehr wieder und hinter mir bildete sich eine Autoschlange. Endlich kam ich von der Stelle. Wieder in der Pension angekommen, forschte ich nach der Ursache und bemerkte, daß jedesmal, wenn ich den Gashebel betätigte aus dem Vergaser Benzin spritzte. Eine Schraube hatte sich gelockert und war rausgefallen. Aber auch ein Stift fehlte in der dahinter liegenden Bohrung. Der Sohn unserer Quartierleute, der zurzeit im Krankenhaus lag, war Kfz-Schlosser. Ausgebaute Autoteile lagen bei ihm in der Garage herum. Darunter auch mehrere Kadett-Vergaser. Ich konnte mir die entsprechende Schraube mit dem Stift aus einem alten Vergaser entnehmen und meinen Vergaser wieder vervollständigen. Der Fehler war behoben und die Heimreise nun kein Problem mehr.

Eine Überraschung kam in diesem Jahr auf uns zu. In einem Brief vom 21. Juni 1978 kündigte uns Wolfgang in einem 10 Seiten langen Brief an, daß sie sich beide entschlossen haben, in dem benachbarten Uttenreuth ein Eigenheim zu erwerben. Es sollte ein halbes Doppelhaus sein, mit einem kleinen Grundstück dazu, Preis 300 000 DM. Wir freuten uns mit ihnen darüber. Die Geldspenden der Schwiegereltern, der Großmutter und die von uns zusammen mit ihrem Ersparten reichten, um die Anzahlung dazu sicherzustellen. Der Grundstein war noch nicht gelegt, Wünsche konnten noch geäußert werden und als wir auf der Rückreise von Eschlkam noch ein paar Tage in Weiher verblieben, konnten wir schon sehen, wie das Haus anfing zu wachsen. Wir lernten aber auch die Sorgen der künftigen Hausbesitzer kennen, die ständig beim Bau hinterher sein mußten, was jetzt Giselas Hauptaufgabe war.

Im Oktober machte Erni mit ihrem Asthma erneute Sorgen. In der Nacht mußte der Bereitschaftsarzt gerufen werden. Die Spritze der Ärztin am nächsten Tag half auch nicht. Am 17. Oktober brachte ich sie wieder ins Behring-Krankenhaus, aber auch dort ließen die Beschwerden in den ersten Tagen nicht nach. Drei Wochen Krankenhausaufenthalt sind erneut drin, am 8. November konnte ich sie wieder nach Hause holen.

Ulrich hatte seinen 33. Geburtstag schon ein Weilchen hinter sich. Oft hörten wir, daß er in Heidelberg war. Entweder im Anschluß an eine Reise oder mal über ein Wochenende. Nun wurde der Grund erkennbar. Sie hieß Ute, seit einigen Jahren Dr. der Ethnologie oder auch Volkskunde, beschäftigt an der Universität Heidelberg. Über den Weltfriedensdienst hatte Ulrich sie kennengelernt. Sie arbeitete an einem Buch über afrikanische Völkerstämme und sollte dafür von der Universität für zwei Jahre freigestellt werden.

Zu diesem Zweck gab sie ihre Wohnung in Heidelberg auf und zog vorerst zu Ulrich in die Soldauer Allee. Dann aber suchten sie sich eine gemeinsame Wohnung und fanden diese in der Guerickestraße 43 in Charlottenburg, in die sie am 29. Oktober einziehen, nachdem Ulrich zum Teil mit meiner Hilfe die Wohnung instandgesetzt hat. Sie besteht aus zwei großen Zimmern im vierten Stock, mit Küche und Bad.

Weihnachten feiern wir mit unseren Kindern in Weiher gemeinsam. Ihr Haus in Uttenreuth ist schon soweit fertiggestellt, daß am Innenausbau gearbeitet werden kann. Wolfgang möchte die obere Dachetage mit einem Deckenpanel ausstatten. Sein jetziger Hauswirt, von Beruf ist er Tischler, will ihm dabei helfen. Auch ich beteilige mich dabei und als Wolfgang mit seiner Familie am 1. Januar des neuen Jahres zu einem Skiurlaub nach Bad Gastein starte, hüten wir das Haus und jeden Vormittag bin ich in Uttenreuth, um den weiteren Unterbau für das Deckenpanel anzubringen. Für den 24. Februar hat Wolfgang den Umzug in das neue Haus geplant. Natürlich will ich dabei helfen, aber die Wetterverhältnisse sind so katastrophal, daß ich darauf verzichtete mit dem Auto zu fahren und den Zug nach Erlangen benutzen will. Am Reisetag, dem 17. Februar, ist der Zugverkehr so durcheinander, daß ich mit fünf Stunden Verspätung dort eintreffe.

Die Vorbereitungen für den Umzug gehen wie auch vor vier Jahren genau nach Plan. Das Wetter tut das übrige dazu, denn der morastige Boden vor der Hausterrasse ist am Morgen des Umzugstages gefroren, so daß der Wagen bis an das Haus zum Terrasseneingang fahren kann. Viele freundliche Hände bewirken, daß schon am Nachmittag alles im Haus verstaut ist. Am 2. März kommt Erni mit dem Zug nachgefahren und ist überrascht, ein vollkommen fertiges eingerichtetes Haus vorzufinden. Arbeit gibt es aber trotzdem noch genug für mich bis zu unserem Abreisetag am 12. März, an dem wir uns aus dem neuen Wohnort Uttenreuth verabschieden. Leider wird das neue Haus auch zu einer Unfallquelle. Wolfgangs Schwiegereltern, Rosl und Heinz Teschke, wollen im Mai 1979 auch das neue Haus besichtigen. Ein paar Tage sind sie dort, da fällt Schwiegermutter Rosl auf der Terrasse so unglücklich, daß sie sich einen Oberschenkelhalsbruch zuzieht, nach Erlangen ins Krankenhaus gebracht werden muß und von dort in das Krankenhaus nach Ebermannstadt überwiesen wird, wo sie lange Wochen zubringen muß, bis sie wieder nach Berlin kann.

Wie hatten in diesem Jahr wieder einen Antrag auf einen Platz in einem Siemens-Vertragsheim gestellt, aber leider eine Absage erhalten. Nun hatte uns unser Neffe Klaus schon wiederholt eingeladen, ihn doch wieder mal in Porz zu besuchen und das hatten wir ihm für den Mai zugesagt.

Jetzt bekamen wir überraschend einen Anruf von der Siemens-Fürsorgerin, die uns mitteilte, daß in Schlierbach im Odenwald durch einen Rücktritt ein Quartier in dem dortigen Vertragsheim freigeworden wäre. Der Termin paßte so gute, daß wir die Reise mit dem Besuch bei Klaus verbinden konnten. Er macht mit uns eine Fahrt in die Eifel. Wir besichtigten das Radio-Teleskop in Effelsberg, bestaunten die alten römischen Wasserleitungen und machten Picknick in der Nähe der Rurtalsperre. Zu dieser Zeit fand aber auch die Bundesgartenschau in Bonn statt. Wir benutzten die Gelegenheit, um uns die gigantische Anlage links und rechts des Rheins anzusehen. Riesige Tulpenfelder, künstliche Seen auf denen Motorboote verkehrten und Ruderboote darauf schwammen. Eine Kleinbahn zuckelte mit fußmüden Besuchern durch die weite Anlage.

Am 23. Mai verabschiedeten wir uns von unseren Gastgebern und nahmen Kurs auf den Odenwald. Auf der Fahrt am rechten Rheinufer entlang fuhren wir an vielen Burgen vorbei, machten an der Burg Kaub Mittagspause und weiter ging es über Koblenz, Wiesbaden nach Bensheim, wo wir auf die Nibelungenstraße nach Lindenfels abbogen. Herrliche Tage verlebten wir in dem schönen Gästehaus, hatten viel Sonne, machten Ausflüge in die schöne Umgebung, die an allen Stätten und Orten an Siegfried erinnerte. Auf einer Fahrt nach Heidelberg konnten wir auf den Spuren der alten Burschenherrlichkeit wandeln.

Ulrich hatte inzwischen am 18. Mai 1979 seine 2. Theologische Prüfung mit „Gut" bestanden und wir hörten ihn am 1. Juli in seiner neuen Gemeinde „Zum Heiligen Kreuz" von der Kanzel seine erste Predigt halten. Hier sollte er nun als „Pastor im Hilfsdienst" die entsprechende Zeit ableisten. Zwei Wochen später, am 15. Juli 1979 sind wir wieder dabei, als er mit acht weiteren Kollegen in der

„Dietrich-Bonhoeffer-Kirche" in Lankwitz von Propst Dittmann ordiniert wird. Wir krönen den Tag indem wir mit ihm und Ute zu Essen nach Siemenswerder fahren, wo die Firma Siemens für ihre Beschäftigten ein Restaurant unterhält.

Erni hat wieder neue Sorgen mit ihrer Gesundheit. Ihr Unterleib ist nicht in Ordnung. Sie hält es für einen Scheidenvorfall, ihr wird zur Operation geraten und am 8. August geht sie ins Krankenhaus am Mariendorfer Weg, wo diese am 16. August ausgeführt wird. Hierbei stellt sich heraus, daß der Darm die Scheidenwand ausgebeult hat. Um dieses in der Folge zu verhindern, wird ihr eine Plastik eingesetzt. Wir sind alle froh, daß sie mit ihrem schwachen Herzen die Operation gut überstanden hat. Einen Tag mußte sie anschließend auf der Intensivstation verbringen, aber dann erholte sie sich gut und am 6. September konnte ich sie nach Hause holen. Einen Gedenktag gilt es noch zu erwähnen. Am 2. September 1929, d.h. vor 50 Jahren, hatten Erni und ich uns das erste Mal zu einer Verabredung getroffen. Dieser Erinnerungstag wird zu einem kleinen Feiertag gestaltet und Erni schenkte mir eine neue Quarz-Armbanduhr.

Wolfgang wollte im Oktober eine Dienstreise nach Frankfurt und Stuttgart zu einem kleinen Urlaub im Kaiserstuhl ausnutzen. Gisela sollte dazu mitkommen. Um nun das Haus und Carsten nicht allein zu lassen, fragte er bei uns an, ob wir nicht für diese Zeit Haus- und Sohn-Hüter spielen wollten. Wir sagten zu und am 25. Oktober waren wir wieder zu Hause.

Erni hatte bisher immer noch ihre zweiten Zähne, aber die waren jetzt fast alle lose und ihr Zahnarzt riet ihr zu einer Prothese. Ein schweres Ereignis für sie, das sie mit Bangen auf sich zukommen sah. Am 23. November kam sie mit nur zwei Eckzähnen, aber auch mit einem Zahnprovisorium vom Zahnarzt zurück. Sie konnte sich vorerst gar nicht daran gewöhnen, es war zu neu für sie. Aber auch an das Neue gewöhnte sie sich und als sie am 15. Februar 1980 endlich ihre endgültige Prothese erhielt, sah man es ihr nicht an, daß sie nun auch Gebißträgerin war. Ich jedenfalls war ihr mit meiner Prothese um 23 Jahre voraus.

Am 13. Januar 1980 feierte Ulrich seinen 35. Geburtstag. Er und Ute hatten uns zur Feier desselben zum Essen eingeladen und einen Tisch im „Alten Krug" in Dahlem bestellt. Hinterher waren wir zum Kaffee bei ihnen in der Guerickestraße. Dabei kam das Gespräch auf meinen bevorstehenden 70. Geburtstag am 3. März. Lebenserinnerungen werden wach und ich spreche aus, daß der Gedanke diese niederzuschreiben schon seit Jahren in mir umgeht. Ulrich ist sehr daran interessiert und er bestärkt mich in dem Vorhaben, dieses bald auszuführen. Ein paar Tage später begann ich mit den handschriftlichen Aufzeichnungen für den Rückblick auf mein bisheriges Leben.

Mein 70. Geburtstag sollte sich von den bisher üblichen, bei uns in der Wohnung gefeierten, unterscheiden. Wir erkundeten entsprechende Lokale und wählten schließlich das „Restaurant am Hufeisen" bei uns in Britz. Wolfgang und Gisela waren mit Carsten dazu extra aus Uttenreuth angereist gekommen und brachten mir zur Überraschung und zu meiner Freude eine von allen dreien besprochene Tonband-Cassette mit, in der alle wichtigen Ereignisse der letzten 70 Jahre aufgezeigt wurden. Ganz überraschend und zu unserer Freude, hat sich auch Neffe Klaus eingefunden, der eine Dienstreise nach Hamburg über Berlin ausgedehnt hat, um dabei zu sein. Am Abend versammelten sich 14 Gäste um den mit Blumen geschmückten Tisch im Restaurant und schafften kaum die so reichlich angebotenen jugoslawischen Spezialitäten. Ulrich ließ in einer Aufzählung noch einmal alle wichtigen Daten meines Lebens vorüberziehen, die seit dem Jahre 1910 von Bedeutung waren. Es war für mich ein Tag, an den ich lange zurückdenken werde. Vor allem aber hatte ich Erni zu danken, die sich so aufopfernd bemüht hatte, diesen Geburtstag zu einem Festtag für mich werden zu lassen.

Nun wär eigentlich der 70-jährige Rückblick beendet, aber „Hurra, wie leben noch" und Gottseidank geht auch das Leben noch weiter und das im Gleichmaß der vergangenen Jahre. Hervorzuheben hierbei wäre ein neues Pech mit unserem „Kadett". Unsere Emmaus-Mitarbeiter machen in jedem Jahr eine sogenannte Rüstzeit, der jedes Mal eine zu klärende Situation zugrunde liegt. Bisher wurde diese ein paarmal in dem neuen Diakonissenhaus „Bethanien" in Spandau abgehalten, diesmal sollte sie aber in Beienrode in der Nähe von Königslutter stattfinden. Wir wollten daran wie auch sonst teilnehmen und fuhren am 18. April mit unserem Auto dorthin. Von Freitagabend bis Sonntagnachmittag sollte die Gesprächsrunde dauern.

Am Ende der Rüstzeit wollten wir weiter nach Uttenreuth fahren, weil Wolfgang am 30. April seinen 40. Geburtstag feiern wollte und er uns dazu eingeladen hatte. Den Ölstand der Automatik unseres Autos hatte ich auf der Fahrt nach Beienrode kontrolliert und in Ordnung befunden. Aber schon auf der Fahrt nach Uttenreuth merkte ich Unstimmigkeiten beim Anfahren. Eine Kontrolle in Erlangen ergab, daß der Ölstand dermaßen niedrig war, daß Gefahr für das Getriebe bestand. Ölnachfüllen, Untersuchung und Nachstellen in der Opel-Werkstatt in Neunkirchen brachten keinen Erfolg. In Wolfgangs Werkstatt in Langensendelbach, dessen Meister erneut eine Überprüfung vornahm, kamen wir mit diesem überein, daß er einen Getriebeaustausch vornehmen sollte. Das alles geschah zu Wolfgangs Geburtstag am 30. April. Jetzt ergab sich aber ein Problem. Wenn das Auto in der Werkstatt verblieb, dann konnten wir nicht bis zum Sonntag, dem 4. Mai wieder in Berlin sein. Das aber war wichtig, denn an

diesem Tag sollte das jährliche Konzert unseres Posaunen-
chores stattfinden. Über ein Vierteljahr hatten wir dafür
geübt und so kurzfristig konnte ich meine Kameraden nicht
im Stich lassen, weil ich nur allein die 1. Tenorstimme zu
spielen hatte und ein Ersatz so schnell kaum zu finden
gewesen wäre.

Ich fuhr also einen Tag vor dem Konzert nach Berlin mit
der Bahn, um am nächsten Tag daran teilnehmen zu
können. Erni blieb in Uttenreuth und sollte mir melden,
wann das Auto fertig wäre. Am darauffolgenden Donnerstag saß ich wieder im Zug nach Erlangen und Erni stand an
der Bushaltestelle, um mich abzuholen. Ich hatte natürlich
keinesfalls damit gerechnet, daß das Auto fertig wäre. Um
so größer war mein Erstaunen, als ich es vor der Haustür
stehen sah. Erni erklärte mir, daß Wolfgang es schon am
Tage vorher von der Werkstatt abgeholt hätte, sie es mir,
der Überraschung wegen, aber gestern am Telefon nicht
hatte sagen wollen. Am Sonnabend konnten wir dann mit
unserem nun wieder voll intakten Wagen die Heimreise
antreten.

Ein Ereignis, das uns Berliner in große Bestürzung
versetze, geschah am 21. Mai, vormittags um 11:00 Uhr. Im
Radio hörten wir, die Kongresshalle wäre eingestürzt. Bei
den vielen Attentaten, die momentan die ganze Welt in
Angst und Schrecken versetzten, dachten wir ebenfalls an
solch eine Untat, doch dazu, daß bei diesem Unglück zwei
Menschenleben zu beklagen waren. Dem war aber nicht so,
sondern die von allem bisher abweichende Bauweise hatte
bei dem weit überhängenden Dach, das in Spannbeton
ausgeführt war, dazu geführt, daß die Spanndrähte durch
eingedrungenes Wasser durchgerostet waren und dadurch
die enorme Dachlast nicht mehr aushielten.

Im Juni konnten wir noch einmal unsere Schwägerin
Elsbeth in Dallmin besuchen. Nach den bisherigen
Bestimmungen wurde von Rentnern kein Pflichtumtausch

verlangt und die Straßenbenutzungsgebühren wurden sowieso pauschal von der Bundesrepublik bezahlt. Damit war dieser Besuch bisher mit keiner finanziellen Belastung verbunden. Das war in dem Moment vorbei, als die DDR im Oktober den Pflichtumtausch auch für Rentner einführte und diese gleichzeitig von bisher 13,- DM auf 25,- DM pro Tag und Person erhöhte. Damit mußte dieser Besuch der letzte sein, den wir bis auf weiteres dorthin machen konnten.

Erni hatte seit Beginn ihrer Erkrankung mit ihrer Schilddrüse keine Asthmakur mehr gemacht. In diesem Jahr hatten wir vor, wieder einmal einen Antrag bei der Krankenkasse zu stellen. Diesmal wollten wir beide in Bayerisch Gmain kuren. Ein Zimmer hatten wir schon für uns in der Pension „Streitbichelhof" festgemacht. Am 21. Juli ging die Fahrt los, die uns zuerst zu unseren Kindern nach Uttenreuth führte, von wo wir dann zwei Tage später in Richtung Reichenhall starten wollten, weil es für Erni eine ziemliche Anstrengung bedeutet hätte, die Stecke in einem durchzufahren. Die Unterbrechung hatte aber noch einen zweiten Grund. Ich hatte für Carsten noch ein nachträgliches Geburtstagsgeschenk abzuliefern, das sich nur mit dem Auto transportieren ließ. Carsten hatte schon in Weiher eine elektrische Eisenbahn zu Weihnachten geschenkt bekommen, die komplett auf einer Platte aufgebaut war. Inzwischen hatte sie die Anlage so erweitert, daß sie auf eine größere Platte montiert werden sollte. Als wir im Mai von dort abfuhren, waren die Gleise schon verlegt, aber die „Landschaft" fehlte noch. Der Abschiedsauftrag für den „Opi" lautete nun, als Geburtstagsgeschenk einen Tunnel mit Gebirge zu bauen, der über die Anlage gesetzt werden sollte. Ich hatte keine Ahnung von solch einem Landschaftsbau, mußte mich informieren und in vielen Stunden gelang es mir diese

Arbeit, die bei der Ablieferung so viel Freude auslöste, daß sie die Arbeitsstunden vergessen machte.

Den Sommer in diesem Jahr 1980 konnte man getrost als warmen Winter bezeichnen. Aber als wir am 23. Juli unsere Kur begannen, schien die Sonne und mit kleinen Unterbrechungen hielt der Sonnenschein bis zu dem Augenblick an, als wie bei unserer Heimkehr aus dem Auto kletterten. In diesem Augenblick ging ein Donnerwetter auf uns nieder und das schöne Wetter war mit einigen Unterbrechungen zu Ende. Unsere Kur, einschließlich des damit verbundenen Urlaubs genossen wir in vollen Zügen. Früh wurden wir mit einem VW-Bus abgeholt und zu der zwei Kilometer entfernten Kuranstalt Becker gefahren und anschließend auch wieder zurückgebracht. Beide saßen wir eine halbe Stunde in der Nebelkammer. Erni bekam, neben anderen Anwendungen anschließend daran jeden zweiten Tag Bindegewebsmassagen, währen dich Moorpackungen für meine Rücken erhielt, woran sich jedes Mal eine Massage anschloß. Neu für mich war, daß die Anwendungen auch für Männer von jungen Frauen ausgeführt wurden. Dreimal in der Woche gingen wir nach Reichenhall hinunter, um im Soleschwimmbad bei 30 Grad warmen Wasser zu schwitzen. Eine Viertelstunden Gymnastik im Wasser war darin enthalten. Wir genossen es, neben vielen Spaziergängen auf unserem Balkon zu sitzen, wo wir bei guter Sicht die Loferer Steinberge sehen konnten. Vor uns lag die weite Landschaft mit dem Saalachsee und der Karlstein. Wir versäumten auch nicht, unsere alte Familie Lettner in Salzburg wieder zu besuchen, die sich freute uns wiederzusehen.

Am 8. September gedachten wir des 100 Geburtstages meines Vaters, der nun schon seit 30 Jahren in der Erde ruhte und dessen Grab wir immer noch pflegten und schmückten, als einziges inmitten von überwuchten

Grabhügeln. Die Zeit dieser letzten Gedenkstätte wird bald vorbei sein, denn die Einebnung der Grabstätten steht bevor.

Auf einer Karte, die uns Ulrich nach Reichenhall schrieb, teilte er uns in lapidarer Kürze mit, daß er und Ute beschlossen haben zu heiraten. Der Termin war für etwa Frühjahr 1981 vorgesehen.

Am 16. Oktober besuchten sie uns und wir erfuhren, daß die Hochzeit schon am 22. November stattfinden sollte. Der Grund lag darin, daß Ute von ihrem Professor in Mainz ein Angebot erhalten hatte, der ihr eine Stellung an der Universität in Mainz in Aussicht stellte. Am 1. Januar 1981 sollte der vakante Posten besetzt werden und Ulrich wollte sich bis dahin um eine Pfarrstelle in dieser Gegend bemühen. Erni, die durch ihre Krankheit ständig von Todesängsten erfüllt war, sah endlich ihren Herzenswunsch erfüllt, doch noch die Hochzeit des zweiten Sohnes miterleben zu können.

Utes Eltern wohnten in Köln. Die Familie ihrer Mutter stammte aus dem Schwarzwald. Ihr Vater war beim Volkswagenwerk beschäftigt und hatte die Verbindung zwischen Hauptwerk und Vertragswerkstätten aufrecht zu erhalten. Außerdem hatte er als Schlichter bei Kunden-Reklamationen zu wirken. Wir hatten die Eltern noch nicht kennengelernt und selbst Ulrich war mit Ute nur zweimal kurz bei ihnen gewesen. Nun sollten sie also unsere neuen Verwandten werden.

Die Vorbereitungen zur Hochzeit der beiden liefen. Eine richtige Hochzeitsfeier sollte nicht stattfinden, dafür war ein Imbiß geplant, der im Anschluß an die kirchliche Trauung, die in der Dorfkirche St. Annen in Dahlem vollzogen werden sollte, im gegenüberliegenden Gemeindehaus aufgebaut war. An die 50 Einladungen dazu wurden an Verwandte, Freunde und Bekannte verschickt.

Die standesamtliche Trauung fand am 21. November 1980 auf dem Standesamt Charlottenburg, Alt Lietzow 28 statt, 300 Meter von ihrer Wohnung entfernt. Trauzeugen waren ein Freund von Ulrich, Reinhardt Wilke und Utes Schwester Elke. Utes Eltern waren am Tage vorher mit ihrer zweiten Tochter aus Köln mit dem Auto gekommen. Vor dem Standesamt konnten wir die drei zum ersten Mal begrüßen. Es war ein herrlich warmes Wetter, die Sonne schien - ein richtiges Hochzeitswetter. Die standesamtliche Trauzeremonie war verhältnismäßig schmucklos und förmlich. Ein Schreibtisch, davor vier Stühle für das Brautpaar und die beiden Trauzeugen. Wir anderen mußten im Hintergrund stehen. Ute hatte in der Marburger Straße in einem italienischen Restaurant einen Tisch bestellt, an dem wir um 13:00 Uhr zum Essen zusammensaßen. Um uns als gegenseitige Brauteltern etwas näher kennenzulernen, hatten wir Utes Eltern zum Abend zu uns nach Hause eingeladen. Es wurde eine nette Zusammenkunft, wir boten uns das verwandtschaftliche Du an und lernten zwei Menschen kennen, mit denen wir gut harmonierten.

Am Tage darauf fand die kirchliche Trauung in der Dorfkirche Dahlem statt. Ulrich hatte Pfarrer Bauer von dem Praktisch-theologischen Ausbildungsinstitut gebeten, diese vorzunehmen. Vom Studium her war er mit ihm näher bekannt. Der Organist von Heilig-Kreuz, Ulrichs derzeitige Gemeinde, sollte die Orgel spielen. Es wurde eine schöne Trauung und auch einige Tränen kullerten dabei über die Wangen. Der Trauspruch des Brautpaares lautete: „Es ist nicht gut, daß der Mensch allein sei. Ich will ihm eine Gefährtin geben." An die 50 Gäste fanden sich anschließend zum Imbiß, bei angeregter Unterhaltung zusammen. Wolfgang war mit seiner Familie extra für diesen Tag aus Uttenreuth angereist gekommen. Am Abend traf sich dann die engste Familie zu einem Essen in

der Bismarckstraße in dem Restaurant „Alte Weinstuben",
wo der denkwürdige Tag in Harmonie abgeschlossen
wurde.

Damit sollen die Aufzeichnungen über ein 70-jähriges
Leben beendet sein. Für mich war es interessant, noch
einmal alle Daten meines Lebens vorüberziehen zu lassen
und für alle, die mit meinem Leben verbunden waren, soll
es eine Erinnerung sein, wie ein Teil ihres Lebens während
dieser Zeit selber verlaufen ist.

Aber vielleicht bleibt dieses Buch auch nachfolgenden
Genrationen erhalten, die dann in ein Jahrhundert Einsicht
erhalten, das in seiner explosiven technischen Entwicklung
für alle vorangegangene Zeit beispiellos bleibt.

Gedenktage aus meinem Leben

8.9.1880	Vater in Arnstein/Ostpr. geboren
17.7.1882	Mutter in Albeneck/OP geboren
22.6.1888	Ernis Mutter in Waldenburg/Schles. geb.
15.7.1889	Ernis Vater in Berlin geb.
11.2.1906	Hochzeit meiner Eltern
16.1.1907	Herbert in Spandau geb.
3.3.1910	mein Geburtstag in Spandau
20.7.1912	Hochzeit von Ernis Eltern
19.9.1912	Hilla in Spandau geb.
27.11.1912	Erni in Berlin geb.
1.12.1914	Umzug zur Gewehrfabrik
1.4.1920	Umzug in Wrangel-Kaserne
13.9.1920	Großmutter in Berlin gestorben
29.10.1921	Großvater in Berlin gestorben
16.3.1924	meine Einsegnung in Emmauskirche
26.4.1926	Beginn der Maschinenschlosser Lehre
2.9.1929	erstes Treffen mit Erni
27.10.1929	Abschluß der Lehre
9.1930	von Lehrfirma entlassen
1.12.1930	Umzug nach Waldemarstr. 88
3.3.1931	Gußputzer bei Fa. Primissima
5. 9.1931	Hochzeit Herbert u. Gretel
26.11.1931	bei Fa. Primissima entlassen
26.10.1933	bei DTW angefangen
9.10.1934	Mutter gestorben
27.11.1934	unsere Verlobung
1.10.1935	Beginn des Werkmeisterlehrgang
2.5.1936	unsere Hochzeit
5.5.1937	Ernis Großonkel Wilhelm gest.
1.7.1937	bei Bamag-Meguin angefangen
24.2.1938	Werkmeisterprüfung
1.7.1938	bei Siemens als Konstrukteur
8.5.1939	Wehrübung in Neubrandenburg

5.8.1939	Wehrübung beendet
27.8.1939	zur Wehrmacht n. Kladow eingezogen
1.9.1939	Beginn des 2.Weltkrieges
3.9.1939	Kriegserklärung v. Engl. u. Frankr.
29.11.1939	von Wehrmacht reklamiert
14.3.1940	erste Geburtswehen v. Erni.
12.4.1940	nochmal Geburtswehen
30.4.1940	Wolfgang geboren
5.5.1940	Taufe v. Wolfgang in Klinik
5.5.1940	Herbert zur Wehrmacht eingezogen
12.5.1940	Erni mit Wolfgang aus Klinik
10.6.1940	Kriegserklärung v. Italien an Engl.u.Fr.
30.8.1940	erster Bombenangriff auf Berlin
4.9.1940	Winterhilfswerk eröffnet.
25.5.1941	mit Fahrrad nach Waldenburg zu Erni
28.5.1941	in Weißstein angekommen
21.9.1941	Grundstück in Britzer Wiesen gepachtet
18.6.1942	Laube fertig gemauert
7.7.1942	Laubendach fertig gedeckt.
2.2.1943	6. Armee in Stalingrad vernichtet
18.9.1944	erneut zur Wehrmacht eingezogen
9.1.1945	Erni m. Venenentzündung ins Krhs.
13.1.1945	nach Wien abkommandiert
13.1.1945	Ulrich 23.50 Uhr geboren.
27.1.1945	Erni nach Geburt aus Krhs.
31.1.1945	Erni wieder ins Krhs.
3.2.1945	Bombengroßangriff auf Berlin
4.2.1945	Emmauskirche ausgebrannt
12.2.1945	Erni aus Krhs. entlassen
13.2.1945	zum Kradkursus nach Enns
15.3.1945	Kradkursus in Enns beendet
17.3.1945	von Enns wieder nach Wien
18.3.1945	schwerer Bombenangr. a. Görl. Bhf.
19.3.1945	Von Wien n. Berlin beordert
22.3.1945	n. Weimar z. Panzer-Nachr.-Komp.

3.4.1945	mit Funkgerät n. Berlin beordert
5.4.1945	zu Funkst. Nedlitz abkommandiert
13.4.1945	Flucht d. Funkst. aus Berlin
9.5.1945	Flucht in Selztal (Österr.) beend.
20.5.1945	bei Lettner einquartiert
16.7.1945	ins Entlassungslager Karlstein
21.8.1945	aus dem Lager entlassen
23.8.1945	in Grünlas bei Gretel
1.9.1945	Aufbruch v. Grünlas n. Berlin
3.9.1945	an der Grenze v. Russen gefasst
6.9.1945	wieder zu Hause in Berlin
11.9.1945	bei Siemens entlassen
12.9.1945	bei ARMAG angefangen
1.2.1946	als Meister bei ARMAG
21.4.1946	Erni an Kottbusser Brücke zus.gebr.
27.4.1946	Erni ins Krhs. Bethanien (bis27.7.)
4.11.1946	mein Patenkind Gisela Janowski geb.
30.1.1947	bei ARMAG gekündigt
15.2.1947	in Karlshorst angefangen
26.4.1947	elektr. Licht in Laube gelegt
2.7.1947	Fundament f. Laubenschuppen angefang.
6.10.1947	Straßenbahn fährt wieder bis Bhf.Neuk.
31.10.1947	aus Karlshorst entlassen
15.11.1947	bei GEMA(RFT) angefangen
28.1.1948	Gartennachbar Goldschmidt erhängt sich
16.3.1948	Ulrichs blonde Locken beschnitten
20. 6.1948	Währungsreform in Westdeutschland
24. 6.1948	Ostwährung in Ostberlin
24.6.1948	Blockade Berlin beginnt
25.6.1948	Westwährung in Westberlin
26.6.1948	Jeder bekommt 40.- West
28.6.1948	Beginn der Luftbrücke
18.12.1948	Ulrich hat Ziegenpeter
25.1.1949	Ulrich hat Masern
20.3.1949	ab jetzt reine Westwährung

3.4.1949	Groschen und Sechser ohne Gültigkeit
8.4.1949	Opa Wilhelm Autounfall, Beinbruch
12.5.1949	Ende der Blockade Berlins
15.5.1949	Einsegnung von Klaus
28.5.1949	Onkel Max in Brieselang gest.
23.7.1949	Opa Otto gestorben
29.7.1949	Opa Otto in Baumschulenweg beerd.
4.9.1949	Drahtzaun um den Garten
7.10.1949	Gründung der DDR
2.11.1949	Fritz u. Martchen zum 1. Mal bei uns
18. 6.1950	Einweihung der Ölbergkirche
10.11.1950	Opa Wilhelm gestorben
15.11.1950	Opa Wilhelm beerdigt
13.4.1951	Erni ins Krhs. Biesdorf.(bis19.5.)
15.7.1951	Ev. Kirchentag im Olympiastadion
21.8.1151	Urlaub in Kl.-Köris (bis 26.8.)
12.9.1951	Erni zur Kur n. Bad Frankenhausen
10.10.1951	Erni aus Frankenhausen zurück
15.10.1951	Ulrich wird eingeschult
30.10.1951	Ulrich hat Keuchhusten
2.11.1951	Hochzeit Fritz u. E. Platner
15.12.1951	Hochzeit Fritz u. Martchen
9.2.1952	Hochzeit Oskar u. Elfr. Jahn
19.7.1952	Urlaub in Fleckl
27.9.1952	Kol.-Heim Britzer Wiesen eingeweiht
15.1.1953	bei DTW-Hamann angefangen
3.3.1953	Klaus Abitur m. Auszeichnung
17.6.1953	Aufstand in Ostberlin
31.7.1953	Urlaub in Lam (bis15.8.)
8.1953	Tante Auguste gestorben
26.9.1953	Umzug n. Waldemarstr. 88
29.9.1953	Ernst Reuter gestorben
11.11.1953	Erni ins Krhs. Bethanien
12.11.1953	Erni an Gebärmuttersenkung op.
18.12.1953	Erni aus Krhs. entlassen

15.1.1954	Hilla zieht nach Mariendorfer Damm
21.3.1954	Wolfgang Einsegnung Marthakirche
27.3.1954	unser Dirigent Tettenborn gest.
4.7.1954	Erni 1. Kur in Karlstein
28.7.1954	Lettner das 1. Mal besucht
31.7.1954	Urlaub Jettenberg (bis 14.8.)
1.12.1954	Bei Siemens-ZWM angefangen
1.7.1955	Erni 2. Kur in Karlstein
	Ulrich das erste Mal b. Lettner
22.7.1955	Urlaub Lofer (bis 5.8.)
30.12.1955	Dienstjahre 38-45 v. Siemens anerk.
23.1.1956	Wolfgang Aufnahmeprüfung Siemens
15.3.1956	Tante Johanna, Briesel. gest.
20.3.1956	Erni u. Ulrich z. Beerdigung
3.4.1956	Wolfgang fängt bei Siemens an
15.4.1956	Klaus wird Postinspektor
14.6.1956	Ulrich Armbruch auf Sylt.
20.6.1956	Beerdig. Martchens Vater Franz
26.6.1956	Erni 3. Kur nach Karlstein
21.7.1956	Urlaub Hallstatt (bis13.8.)
28.8.1956	H. Reichhardt neuer Dirigent
20.9.1956	Erni bekommt 1. Brille
3.3.1957	Voigtländer Vito 3 zum Geb.
3.4.1957	Kurt 5 Zähne u. Wurzeln gezogen
24.4.1957	Ulrich von Moped angefahren
20.6.1957	Kurt 1.Kur in Oeynhausen (bis18.7.)
23.6.1957	Erni bei mir (bis 14.7.)
26.7.1957	Urlaub Fieberbrunn (bis18.8.)
6.9.1957	Zahnprothese bekommen
6.10.1957	Wolfgang geht z. Tanzstunde
3.12.1957	Grundsteinlegung neue Emmauskirche
20.12.1957	1.Waschmaschine bekommen
24.12.1957	Ulrich bekommt Armbanduhr
4.5.1958	gebr. Moped gekauft (275,-)
19.7.1958	Urlaub Scharnitz (bis 10.8.)

26.8.1958	Erni 4. Kur nach Bayer.-Gmain
13.11.1958	Erni Krhs. Bethesda, Gebärmutter-Polyp
22.11.1958	Erni aus Krhs. entlassen
10.2.1959	Wolfgang Prüfg. in München (bis 21.2.)
10.3.1959	der 1. Kühlschrank kommt ins Haus
12.3.1959	Wolfgang mündl. Prüfung
22.3.1959	Ulrich Einsegnung Marthakirche
1.4.1959	Wolfgang Industrie-Kaufm. bei Siemens
5.4.1959	Kurt in Gem.-Kirchenrat gewählt
10.7.1959	Urlaub Fulpmes (bis 1.8.)
13.9.1959	1. russische Rakete erreicht Mond
6.10.1959	Kurt 2. Kur in Oeynhausen (bis 3.11.)
6.12.1959	Einweihung neue Emmauskirche
10.7.1960	Wolfgang kauft sich Paddelboot
22.7.1960	Urlaub Ischgl (bis 13.8.)
13.8.1960	Erni 5. Kur in Großgmain (bis10.9.)
2.9.1960	Kurt n. Großgmain (bis10.9.)
5.11.1960	Oma Emma Badziong gestorben
10.11.1960	Beerdig. auf Emmaus Friedhof
1.3.1960	Erni ins Krhs. Neuk. (Nierenstein)
15.3.1961	Erni an Nierenstein operiert
4.4.1961	Ulrich Praktikant bei Post
21.4.1961	Erni aus Krhs. entlassen
2.5.1961	wir haben Silberhochzeit
13.5.1961	Verlobung Wolfgang u. Gisela
11.8.1961	Urlaub in Winklern/Kärnten (bis 3.9)
13.8.1961	Mauerbau um Berlin beginnt
28.8.1961	Wolfgang kauft sich Tonbandgerät
3.2.1962	Herberts Schwager Schäffus gest.
26.5.1962	Hochzeit Klaus u. Ingrid
1.6.1962	Urlaub Matrei (Osttirol) (bis 23.6.)
14.7.1962	Ulrich fährt zu Lettners
12.8.1962	Erni 6. Kur in Großgmain (bis 9.9.)
31.8.1962	Kurt nach Großgmain (bis 9.9.)
26.4.1963	Hochzeit Wolfgang u. Gisela

26.6.1963	Kennedy besucht Berlin
19.7.1963	Umzug nach Holzmindenerstr.7
17.8.1963	Urlaub Altenschrofen/Füssen (bis 1.9)
1. 9.1963.	Urlaub Meran mit Ulrich (bis
5.11.1963	Silberhochzeit Heinz u. Rosl Teschke
12.11.1963	der 2. Kühlschrank kommt
22.11.1963	Kennedy in Dallas ermordet
15.2.1964	wir kaufen elektr. Nähmaschine
7.5.1964	Erni 7. Kur in Großmain (bis 5.6.)
7.5.1964	Urlaub in Großmain (bis 19.5.)
26.7.1964	Urlaub in Kramsach (bis 16.7.)
30.9.1964	Ulrich hat Lehrlingsfreisprechung
12.10.1964	Ulrich geht z. Silbermannschule
13.10.1964	Rußland schießt 3 Kosmonauten hoch
3.3.1965	zum Geburtstag 30cm Schnee.
19.3.1965	wir bekommen Telefon
31.5.1965	Wolfgang zieht n. Prinzenstr. 39
5.6.1965	Urlaub Mayrhofen (bis 27.6.)
26.6.1965	Kennedy besucht Berlin
1.9.1965	Urlaub Behringersmühle (bis 12.9.)
19.11.1965	1. Fernseher Schw.-Weiß
27.1.1966	Herr Glasow (Emmaus) gestorben
7.2.1966	Mondlandung von Luna 9
27.3.1966	Einweihung unserer Fürbittkirche
21.5.1966	Urlaub in Golling (bis 31.5.)
31.5.1966	Erni zur Kur n. Großmain (bis 30.6.)
2.6.1966	Amerik. Mondsonde weich gelandet
26. 8.1966	1. Urlaub in Meran (bis 18.9.)
1.10.1966	Wohngseinw. Fr. u. Mart. Wittekindstr.
22.12.1966	Wolfgang überschlägt sich mit VW
25.2.1967	Ernis Onkel Ernst gestorben
19.4.1967	Adenauer gestorben
28.4.1967	2. Urlaub in Meran (bis 16.5.)
5.6.1967	6-Tage-Krieg Israel-Ägypten
2.7.1967	Klaus hat seinen Doktor

10. 9.1967	Urlaub in Steinwiesen (bis 17.9.)
28.10.1967	zur Fahrprüfung angemeldet
17.2.1968	Kadett B-HM 678 von Hetzer
1.3.1968	Fahrprüfung.(Führerschein)
22.3.1968	Ulrich schriftl. Abi.-Prüfung
6.4.1968	Erni 9. Kur in Lippspringe (bis 4.5.)
11.4.1968	Tante Emma Platner gestorben
23.5.1968	mit Auto zu Lettner (bis 4.6.)
7.7.1968	Carsten geboren
1.9.1968	3. Urlaub in Meran mit Ulrich
17.9.1968	von Meran n. Scheidegg (bis 20.9.)
24.12.1968	Pfarrer Zühlke gestorben
26.12.1968	zur Beerdigung n. Scheidegg
15.2.1969	Taufe von Carsten
22.3.1969	Israelreise (bis 11.4.)
24.5.1969	Urlaub Hermannsburg (bis 27.5)
28.5.1969	Kurt ins Krhs. Neukölln
18.6.1969	Kurt Gallenblasenoperation
3.7.1969	Kurt aus Krhs. entlassen
21.7.1969	1. Mondlandg. d. Amerik.(Armstrong)
12.8.1969	Ulrich aus Israel zurück
4.11.1969	Kurt Kur in Kissingen (bis 2.12.)
3.12.1969	Erni Asthmatest im Virchow-Krhs.
24.12.1969	1. Fahrt n. Betzenstein (bis 3.1.)
26.3.1970	Urlaub Gandersheim (bis 3.4.)
16.4.1970	Erni ins Krhs. Neukölln (bis 6.6.)
13.7.1970	Erni 10. Kur Bad Salzuflen (bis 8.8)
29.8.1970	zu Fr. Zühlke n. Scheidegg (bis 15.9.)
4.11.1970	2. Waschmaschine u. Schleuder
25.12.1970	bei Herbst in Betzenstein (bis 2.1.)
5.2.1971	Mondlandung Apollo 14
9.3.1971	neuer Kadett B-W 6282
29.5.1971	Urlaub St. Leonhard (bis16.6.)
13.6.1971	Erni rutscht auf Lawinenzunge aus
27.8.1971	Erni 11. Kur in Großgmain (bis 26.9.)

9.1971	Herbert u. Gretel 40. Hochzeitstag
15.10.1971	Richtfest Gem.-Haus Emmaus
6.1.1972	auf Burg Lauenstein (bis 8.1.)
23.1.1972	Wolfgang hat neuen Opel-Manta
31.3.1972	Besuch in Dallmin (bis 2.4.)
27.4.1972	Mondlandung Apollo 16
29.4.1972	Urlaub Harzburg (bis 12.5.)
20.5.1972	Besuch bei Hannchen/Meißen (bis 22.5.
4.6.1972	Hilla hat neuen VW
11.6.1972	Ulrich aus Kairo zurück [mit Ev. Akad.]
24.6.1972	Einweihung Gemeindehaus
26.6.1972	Wir haben 3. Kühlschrank
3.8.1972	Erni geht wegen ständiger Gewichts-Abnahme ins Krhs. Neuk.
9.8.1972	Erni bekommt Hirnembolie
18.8.1972	Erni Kreislaufkollaps
1.9.1972	Kurt 25. Jubiläum bei Siemens
2.9.1972	mit Wolf u. Fam. in Spreewald
5.9.1972	Überfall auf Israelis, Olympia Münch.
11.9.1972	Ulrich in Israel (bis 14.10.)
11.12.1972	Mondlandung Apollo 17
23.12.1972	bei Herbst in Betzenstein (bis 6.1.)
3.3.1973	Schreibmaschine zum Geburtstag
9.3.1973	Ulrich wieder in Israel
13.4.1973	Urlaub Bernau/Schwarzw. (bis 27.4.)
28.4.1973	Zum 10. Hochzeitstag Wolf u. Gisela nach Burg Lauenstein,
7.6.1973	Urlaub Grünau (Almsee) (bis 29.6.)
27.9.1973	Abschiedsessen bei Siemens
9.10.1973	Urlaub Schmittlotheim (bis 17.10.)
17.10.1973	Besuch bei Klaus in Porz (bis 25.10.)
25.10.1973	zu Platner n. Hannover. (bis 28.10.)
20.12.1973	bei Löffler in Trockau (bis 4.1.)
3.3.1974	Spiegelreflexkamera zum Geburtstag
9.4.1974	Fr. Beesel (Emmaus) gestorben

9.4.1974	Urlaub Betzenstein(Thaler) (bis 19.14)
26.4.1974	Magisterprüfung von Ulrich
3.5.1974	Ulrich fliegt nach Gambia
20.5.1974	wir haben einen Farbfernseher
7.6.1974	Urlaub Neuhaus (Solling) (bis 18.6.)
23.7.1974	Blutdruckmesser angeschafft
20.8.1974	Carsten wird eingeschult
15.9.1974	Fahrt n. Prießeck (bis17.9.
7.10.1974	neuer Kadett-Coupé B-AH 1356
9.10.1974	in Betzenstein(Thaler) (bis 23.10.)
22.10.1974	Carsten geht zum Judo
30.11.1974	Erni Krhs. Autounfall/Hund (bis 28.12.)
27.2.1975	Peter Lorenz wird entführt
1.3.1975	Ulrich in Wohnung Dieffenbachstr.69
25.3.1975	Gisela Unfall mit Manta
16.4.1975	in Betzenstein (Konzert) (bis 28.4.)
18.5.1975	Wolfgang hat neuen VW-Passat
21.5.1975	Urlaub Absam (Hall i.T.) (bis 4.6.)
4.6.1975	Urlaub Schwarzenstein (bis.9.6.)
2.7.1975	Ulrich in Gambia (bis 19.10.)
4.7.1975	mit Wolfgang in Weiher Wohnung renoviert
12.8.1975	Teschkes ziehen nach Prinzenstr. 39
17.8.1975	Rosl Teschke bricht sich Oberarm
1.9.1975	Flughafen Tegel eröffnet
3.9.1975	Besuch in Weiher (bis 10.9.)
5.10.1975	in Weiher (Kinder Urlaub) (bis 20.10).
28.11.1975	Erni ins Behring-Krhs. (bis 23.12.)
4.12.1975	Badezimmer gefliest
14.1.1976	Küche gefliest
4. 2.1976	Bettina Platner gestorben
24.2.1976	Hilla zieht z. Mariendorfer D. 27a
1.3.1976	Erni ins Krhs. Neuk. (Herz)
6.3.1976	Badziongs Autounfall bei Eisenach
2.4.1976	neue Ärztin Dr. Müller-Kabisch

13.7.1976	Erni bekommt Beschädigtenausw.70%
23.7.1976	Fahrt nach Prießeck (bis 25.7.)
18.8.1976	Urlaub Kipfenberg (Altmühl) (bis 31.8.)
14.9.1976	Gartennachbarin Fr. Lange gest.
24.11.1976	Besuch in Weiher (bis 30.11.)
15.12.1976	Silberhochzeit Fritz u. Martchen
2.1.1977	Urlaub Betzenstein (bis 12.1.)
16.1.1977	Herbert feiert 70.Geburtstag
3.3.1977	Ulrich v. Dieffenbachsstr. n. Sold.Allee
18.3.1977	Ulrich kirchl. Übernahmekolloquium
21.4,1977	in Weiher (Konzert Betzenstein)
26.5.1977	Besuch in Dallmin (bis 31.5.)
19.6.1977	Georg Pinnow gestorben
8.7.1977	Herbert an Niere operiert
18.8.1977	Urlaub Wallenfels (bis 4.9.)
9.9.1977	Erni ins Krhs. Neukölln (Quick-Test)
19.9.1977	Gretel feiert 70. Geburtstag
18.9.1977	Ulrich hält 2. Predigt in Tabor
6.10.1977	Besuch in Dallmin (bis 13.10)
29.1.1978	Herbert gestorben
3.2.1978	Trauerfeier Herbert Dorfkirche
19.2.1978	Erni ins Behring-Krhs. (Herz) (bis 3.3.)
5.3.1978	Ulrich Vikar-Predigtprüfung
15.3.1978	Herbert Urnenbeisetzung
11.4.1978	Stereo-Anlage angeschafft
19.4.1978	in Weiher (Konzert Betzenstein)
1.5.1978	Erni ins Krhs. Pegnitz (Herz) (bis 4.5.)
17.5.1978	Urlaub Eininghausen (bis 31.5.)
14.6.1978	Besuch in Dallmin (bis 19.6.)
21.6.1978	Wolfgang kündigt Hauskauf an
29.7.1978	Ulrich mit Ute 1. Mal bei uns
23.8.1978	Urlaub Eschlkam (Bayr.W.) (bis 4.9.)
17.10.1978	Erni ins Behring-Krhs.(Herz) (bis 8.11.)
29.10.1978	Ulrich u. Ute in Guerickestr. 43
2.12.1978	Besuch in Weiher (bis 11.1.)

17.2.1979	Umzugshilfe bei Wolfgang (bis 12.3.)
24.2.1979	Umzug Weiher-Uttenreuth
13.5.1979	Rosl Teschke Oberschenkelhalsbruch
17.5.1979	Besuch bei Klaus in Porz (bis23.5
18.5.1979	Ulrich 2.Theol. Prüfung
23.5.1979	Urlaub in Schliernach (Odenw.) (bis 6.6.)
1.7.1979	Ulrich 1. Predigt in Hl. Kreuz
15.7.1979	Ulrich ordiniert in Dietr. Bonh. Kirche
8.8.1979	Erni ins Krhs.
11.10.1979	Besuch in Uttenreuth (bis 25.10.)
12.1.1980	Heinz Teschke gestorben
15.2.1980	Erni bek. endgültige Zahnprothese
3.3.1980	Kurt 70.Geburtstagsfeier
13.4.1980	Hannchen Frühschulz gest.
18.4.1980	Rüstzeit Beienrode (bis 20.4.)
2o.4.1980	Von Beienr. n. Uttenreuth (bis 10.5)
21.5.1980	Kongreßhallendach eingestürzt
10.6.1980	Besuch in Dallmin (bis 16.6.)
21.7.1980	Beide Kur Bayer.Gmain (bis 18.8.)
27.9.1980	Frl. Römer(Emmaus) gest.(93)
21.11.1980	Ulrich+Ute standsamtl. Trauung
22.11.1980	kirchl. Trauung Dorfk. Dahlem